生肖繹史

生肖文化探索與神話解析

十二靈獸的傳奇，從古代符號到現代寓意的傳承與再現

過常寶 著

CHINESE ZODIAC

從古至今，十二生肖如何塑造了中國的文化與信仰？
探索每一個生肖背後的故事，揭開它們在民間傳說中的神祕面紗！
生肖與命運，一部描繪人性與宇宙律動的奇妙史詩
不僅是古老信仰的傳承，更是橫跨歷史與藝術的文化橋梁！

目錄

第一章　十二生肖的文化溯源

第一節　源發於何時何地……007
第二節　為何取數十二……010
第三節　紀年為什麼選動物……014
第四節　生肖交椅怎樣排出……018
第五節　民間故事釋生肖……021

第二章　十二生肖的生靈性情

第一節　碩鼠碩鼠，無食我黍——狡黠小鼠……025
第二節　耕農之本，百姓所仰——俯首為牛……031

第三節　聲吼如雷，風從而生，百獸震恐——虎為獸首……035
第四節　雄兔腳撲朔，雌兔眼迷離——溫婉如兔……040
第五節　春分而登天，秋分而潛淵——神龍莫測……044
第六節　鬼轉雷車響，蛇騰電策光——金蛇狂舞……049
第七節　曾經伯樂識長鳴，不似龍行不敢行——一馬當先……054
第八節　善群、好仁、死義、知禮——羔羊之義……059
第九節　抱葉玄猿嘯，銜花翡翠來——申猴性靈……063
第十節　文武勇仁信——雞有五德……068
第十一節　公卿如犬羊，忠讜醢與菹——愛犬之誠……073
第十二節　喜比為白麟，唯憂不豐溢——嬌憨如豬……077

第三章　十二生肖的文化神格與民間風俗

第一節　鼠咬天開……083

第二節　丑牛闢地……091
第三節　虎嘯生風……097
第四節　月中玉兔……104
第五節　辰龍騰雲……110
第六節　龍蛇之變……117
第七節　天馬行空……124
第八節　羊示吉祥……130
第九節　靈猴神通……136
第十節　金雞報曉……143
第十一節　驍勇盤瓠……148
第十二節　亥豬送福……156

第四章　十二生肖的命理探析在
第一節　生肖與本命年……165
第二節　生肖與年成……168
第三節　生肖與姓名……171
第四節　生肖與婚葬……175
第五節　生肖與性情命運……182
第六節　信乎，不信乎……190
第五章　十二生肖文藝作品賞鑑
第一節　十二生肖詩……199
第二節　十二生肖畫作……216
第三節　古代生肖工藝珍品……223
第四節　現代生肖藝術新品……231

第一章　十二生肖的文化溯源

生肖文化，多少帶著幾分神祕。它到底發源於何時何地？為什麼是這些動物而不是其他？牠們的次序如何排出？

第一節　源發於何時何地

作為一種世界性的文化，生肖的身世來歷是許多人感興趣的一個話題。古往今來，不少學者透過研究，提出了自己的見解。

有人認為，生肖與地支同源，根據《史記》中所載的黃帝「建造甲子以命歲」，這裡的「甲子」就是十二生肖，由此將十二生肖追溯到黃帝時代。

有人指出，動物紀年應發源於中國北方以畜牧業為主的少數民族，後來在民族融合的過程中，華夏民族將這種紀年方式吸收到自己的文化中，與干支紀年結合，形成了十二生肖。如清代學者趙翼在《陔餘叢考》中說：「蓋北俗初無所謂子丑寅卯之十二辰，但以鼠牛虎兔之類分紀歲時，浸尋流傳於中國，遂相沿不廢耳。」

也有學者提出，生肖是從國外傳來的，比如郭沫若先生在一九二九年發表的〈釋干支〉一文中就提出，十二生肖發源於古巴比倫的黃道十二宮。漢朝時期，西域各國仿十二宮造出了十二生肖，漢武帝時張騫出使西域，將它帶回了中國。

前人的論斷由於缺乏憑證，便停留在了假說層面。與之相比，根據古文獻記載和出土文物來探求十二生肖的來歷，似乎是更為可靠的途徑。一九七〇年代以前，學術界將中國關於生肖的文字記載追溯到東漢王充的《論衡》，其曰：

「寅，木也，其禽，虎也。戌，土也，其禽，犬也。……午，馬也。子，鼠也。酉，雞也。卯，兔也。……亥，豕也。未，羊也。丑，牛也。……巳，蛇也。申，猴也。」

文中提到了十一種生肖動物，唯獨缺了辰龍。該書中的〈言毒篇〉又說：「辰為龍，巳為蛇。辰、巳之位在東南。」這樣，十二生肖就完整了。

而到了當代，學者們則認為早在《詩經》當中，十二生肖便已初見端倪。《詩經・小雅・吉日》裡有：「吉日庚午，即差我馬。」在這句詩中，古人已將午與馬相對應，有人據此推測，此時，地支與十二種動物的對應關係已經確立並且流傳。今人敢於如此論斷，離不開考古發現的佐證。

一九七五年，在湖北雲夢縣睡虎地十一號秦墓出土的竹簡中，有甲、乙兩種選擇時日吉凶的《日書》，其中甲種背面的〈盜者〉篇章中有用生肖占卜盜賊相貌特徵的記載內容：

「子，鼠也。盜者銳口，稀鬚，善弄，手黑色，面有黑子焉，疵在耳，藏於垣內中糞蔡下。多名鼠鼷孔午郢。」

其後，地支與動物的配對依次為：丑，牛也；寅，虎也；卯，兔也；巳，蟲也（蟲即蝮蛇，蛇的一種）；午，鹿也；未，馬也；申，環也（環讀為「猨」，猨即猿）；酉，水也（水讀為「雉」，雉是雞的一種）；戌，老羊也；亥，豕也。其中除「辰」沒有出現，「午」與「鹿」、「未」與「馬」、「戌」與「老羊」和今日生肖配對不同，其餘完全或基本吻合，這充分證明，十二生肖在春秋前後已經存在。此外，這一發現也推翻了前述郭沫若等學者提出的「生肖外來說」，雖然證據仍不確鑿，但中國學者對於生肖發源於本土的信心由此大大增加。

有趣的是，一九八六年四月，甘肅天水市放馬灘秦墓中也出土了《日書》竹簡，年代跟睡虎地秦簡差不多，其中也有一段關於盜者的生肖紀錄，紀錄中生肖與地支的對應關係與今日十二生肖相比，除「辰蟲」、「巳雞」之外，其餘完全相同。將上述兩次考古成果放在一起比較，我們能發現最初各地的生肖動物還有所不同，而至東漢時，生肖種類已與今天沒有差異。可見，十二生肖經過長期演變後而逐漸統一。

生肖被用來標示人的出生年分，至遲在南北朝時已經出現。在《北史．宇文護傳》中，宇文護的母親寫給兒子的信裡有這樣一段文字：「昔在武川鎮生汝兄弟，大者屬鼠，次者屬兔，汝身屬蛇。」可見，當時人們對於生肖的使用方式與今人已沒有太大差別。

第二節　為何取數十二

生肖數目為什麼是十二？有人說，地支有十二個，動物與之相配所形成的生肖，自然也是十二個。這種回答實際上並沒有解決根本問題，我們可以進一步追究：地支為何取數十二？因此，問題的關鍵在於，「十二」在中國文化當中具有怎樣的意義。

對於中國人來說，「十二」是一個神祕的數字。早在春秋時期的《左傳．哀公七年》中，便有記載：「周之王也，制禮上物，不過十二。以為天之大數也。」意思是說，周朝取代商朝為王，制定了周禮，從穿衣戴帽到祭祀用牲等均有嚴格的等級規定，其中最上等的數字就是「十二」。

「十二」這個數字之所以在中國文化中獲得了如此神聖的位置，與古人「觀物取象」的認知方式有關。《周易．繫辭》云：

> 「古者包犧氏之王天下也，仰則觀象於天，俯則觀法於地。觀鳥獸之文與地之宜，近取諸身，遠取諸物。於是始作八卦，以通神明之德，以類萬物之情……」

這段話描述了中華民族的始祖之一伏羲（即引文中的「包犧氏」）當初製作八卦的情形，而伏羲所借助的也正是「近取諸身，遠取諸物」的「觀物取象」的思考方式。

自古以來，中國普遍使用的計數法有兩種：十進制和十二進制。「十」被用作天干，「十二」被用作地支。據研究，十進制最初取象於人的十指，而十二進制與古人觀天象的活動密切相關。

世間萬物都有自己的運行規律，人類也在努力了解這些規律。我們的祖先感受到了寒來暑往的交替，以及植物隨季節枯榮的道理，並以之為「一歲」。而透過觀察天象，包括中華民族在內的不少古老民族在很早的時候就發現，月亮盈虧的週期也與「歲」相關——十二次月圓正好為一歲。

用天文學原理來解釋，即太陽與月亮沿黃道運行一周，每年剛好會合十二次。「黃道」是指地球上的人看到的太陽一年當中在天空中運行所形成的圓形軌跡。為了方便確定位置，人們把黃道劃分成了十二等分（每分相當於三十度）。中國人以之為依據，區分出了「黃道吉日」和「黑道凶日」，而西方人將每分用鄰近的一個星座命名，於是有了「黃道十二宮」。這也正是世界上大多數民族將一年分為十二個月的原理所在。

中國人不只以「十二」為月的週期，還以之為年的週期——十二年為一紀，這是先人觀察木星運轉規律得出的結果。古時稱木星為「歲星」，歲星大概十二年繞天一周，換言之，它每年都要經過一個特定的星空區域，給每一個區域取一個名稱，這樣，便可以用「歲在某某」來紀年了。而根據今天的科學觀測，木星圍繞太陽公轉的實際週期為十一點八六年，與古人的觀察結果也十分相近。

《周禮‧春宮‧馮相氏》云：「掌十有二歲、十有二月、十有二辰」，也就是說，十二除了被用於計年計月，也被用作計量時辰的單位。

而作為「天之大數」，除時間分割以之累進，在其他方面，「十二」這一數字也經常被用到。如《後漢書‧荀爽傳》云：「故天子娶十二婦，天之數也，諸侯以下各有等差，事之降也。」

此外，中國文化中取十二之數者比比皆是。如「十二天象」是中國古代對天氣現象的統稱，即晴、陰、雨、雪、冰、霧、露、霜、風、沙、雷、電；「十二經脈」是中醫對人體經絡的認知；古代音樂有「十二律」；飲食有「十二食」；穿衣有「十二衣」；連《紅樓夢》中也有「金陵十二釵」……

總之，「十二」作為古人取象於天際而得出的合理計量單位，在中國文化中獲得了應有的尊貴地位，而生肖作為古時的一種紀時方法，取數十二，也有其道理。

第三節　紀年為什麼選動物

十二生肖選擇了動物作為主角，其道理何在?這個問題，歷來也是眾說紛紜。

有人揣測十二種動物與十二地支有密不可分的關係，兩者搭配的紀年方式使之更加方便易記。

有學者研究發現，十二地支的古文字中隱含著些許生肖動物的訊息，一個證據是，東漢的許慎在《說文解字》中即講到「巳」是蛇的象形字，「亥」是豕（古代豬的稱呼之一）的象形字。

也有人說，這十二種動物是古人透過觀察自然規律而選擇出來的。前面已經提到，木星大約每十二年繞太陽一周，隨著它的運轉，地球上生物的生長也呈現出一定規律，某一年會對某一種動物特別有利，古人認為，這一年出生的人如果能模仿這種動物的特性，也會有利於他的成長，於是，這一年被稱為該動物年，該年出生的人也就屬這個屬相了。

然而到目前為止，最具影響力的一種解說卻是圖騰崇拜說。「圖騰」這個詞來源於印第安語，過去人類學家在考察印第安部落時發現，印第安人中有把某種動物或者植物視為跟自己有某種親緣關係，並且對它們加以崇拜的現象，印第安語稱之為「ototeman」或「ototeman」，翻譯成英語即「totem」。後來，人類學家又發現世界上許多地方也有類似情況，於是就直接用「totem」來指代這種現象了。在中國，「totem」最早被思想家嚴復音譯為中文，即「圖騰」。

在原始社會，我們的祖先為了生存，要頻繁與動物打交道，既要躲避牠們的襲擊，又要依賴其作為食物。於是，他們開始了對動物頂禮膜拜：祈求猛獸不要傷害自己，祈求可供食用的動物茁壯成長，總而言之，是希望牠們庇佑人類。於是，圖騰崇拜產生了。

十二生肖的成分雖然乍看有些複雜，但是仔細分析，大體分為以下幾類。

第一類是家畜，包括牛、馬、羊、雞、狗、豬、兔，數目超過了十二生肖的一半。其中前六種是中國古人最為看重的家養「六畜」，《三字經》有云：「馬牛羊，雞犬豕。此六畜，人所飼。」今天多數國人對牲畜的感情已僅限於對牠們成為美食之後的垂涎，但在我們的祖先眼裡，牠們可是異常重要的。據南朝時期宗懍編寫的《荊楚歲時記》記載，當時民間將一年之中最美好的日子都讓位於一些熟悉的動物：大年初一是雞的生日，初二是狗的生日，初三是豬的生日，初四是羊的生日，初五是牛的生日，初六馬的生日，人類自己的生日被放在了初七。可見，當時古人視牲畜為與自己地位平等的生靈。

第二類是野生動物，包括蛇、虎、猴。數千年前，在生存條件極其惡劣的情況下，野獸的侵擾讓先民寢食難安，其中，蛇與虎是讓人備感困擾的兩種動物。正因如此，古人才為我們留下了「一朝被蛇咬，十年怕草繩」的俗語和「談虎色變」的成語，先民對牠們由懼怕轉變成崇拜也在情理之中。至於猴，牠的相貌舉止與人類的相似，令我們的祖先百思不得其解，於是也對牠產生了尊崇。

第三類是神化的動物，龍。牠雖不是現實存在的動物，但我們的祖先早在六、七千年前就確立了其在中華文化中的權威地位，十二生肖中又怎能少了牠呢？

還有一種生肖動物沒有提到，那就是鼠。小小老鼠，長相不起眼，德行也不佳，為何還能躋身十二生肖？讓我們從牠與人類的關係來看：一方面，鼠與人類關係之親密不亞於十二生肖中其他任何一種動物，牠吃在人家，住在人家，可以說是人類意外飼養的「家畜」；另一方面，牠不像其他家畜一般對人類有所貢獻，人類卻也拿牠束手無策，捕鼠高招一出，老鼠或有對策，或消停一段時間後又層出不窮，人類對牠的「才能」真是又怕又恨。所以說，老鼠被列入十二生肖也不意外。

說到老鼠，有些人馬上想到了貓——牠跟人類的關係也很密切，怎麼沒能入選生肖排行榜？這樣想的人可不少，清朝時候，還出了下面一樁趣聞。

有一次，荷蘭大使夫人及女兒應慈禧太后之邀入宮聊天，慈禧見了她們，一時不知如何啟口，便按中國俗套寒暄，問大使女兒屬什麼。大使女兒一下子愣住了，不知如何回答，因為荷蘭民族沒有生肖習俗。可是，一國太后的問話又不好不回答，她細想自己愛吃魚，貓也愛吃魚，就胡謅道自己屬貓。慈禧是典型的守舊派，根本不了解國外的情況，聽說她屬貓，自然驚詫不已。

這則笑話反映了慈禧太后的昏庸無知，也從另一個角度透視出貓在中國傳統文化中的地位。

其實，貓沒被列入十二生肖的道理很簡單：遠古時中國並沒有貓，如今我們飼養的家貓，最早的故鄉在非洲蘇丹，後來傳入埃及，很晚的時候，才由埃及傳到其他國家，中國也在此列。因而在中國人的動物夥伴當中，貓是後加入的，所以古人跟牠的關係，遠不如與其他家畜親密，把牠作為生肖也有點不可思議。

第四節　生肖交椅怎樣排出

十二生肖動物種類駁雜、秉性不一，我們的祖先以什麼為依據為牠們排出了次序？這個問題，不只今天的人好奇，古人也喜歡對之窮根問底。古時有不少學者提出了他們的看法，以下是比較有影響的幾種，讀者可以自行判別一下哪種解釋更有道理。

天干地支出現之後，古人也用地支來記錄一天的時辰，每個時辰相當於現今的兩個小時：二十三點至凌晨一點是古時候的子時，一點至三點是丑時……一周輪下來，二十一點至二十三點是亥時。一些學者就以此為突破口來推敲十二生肖的來歷和排序成因。明代葉子奇在《草木子》一書中云：

「術家以十二肖配十二辰，每肖各有不足之形焉，如鼠無牙、牛無齒、虎無脾、兔無脣、龍無耳、蛇無足、馬無膽、羊無神、猴無臀、雞無腎、犬無腸、豬無筋，人則無不足也。」

他指出，十二種動物被安排與十二個時辰相匹配，是因為牠們形體上有缺憾。對於這種看法，姑且不去追究牠對動物形態的認知與今天生物學認知的差異，單是其中的推理邏輯，現代人也難以領悟：形體缺憾與辰屬相配有何必然連繫？然而，雖有古人對這種看法提出疑問，卻不是從這個角度出發的。

明代大學者郎瑛在《七類修稿》中就反駁道：天下形體有缺憾的動物多了，為什麼偏偏選中這十二種呢？當然，駁是為了立，他提出了自己的觀點：天干地支中，地支在下，所以判別動物的陰陽，應該看牠們的足趾數目。足趾數是偶數的配地支中占雙數者（陰），足趾數是奇數的配地支中占單數者（陽）。

老鼠前爪四趾，後爪五趾，前陰後陽，而子時的前半部分是昨夜之陰，後半部分是今夜之陽，所以鼠與子時相配很合適；牛、羊、豬都是偶蹄動物，雞爪有四趾，兔子沒有嘴唇而爪子有四個趾頭，蛇雖然沒有爪子但是舌頭分叉成兩半，所以它們都算足趾數屬於偶數的，占了地支中屬陰的六項；虎爪和龍爪都是五趾，猴和狗也是如此，足趾數均為奇數，馬蹄是圓的沒有分趾，也算做奇數，所以牠們占了地支中「子」之外屬陽的其餘五項。

其實，用陰陽學說來解釋生肖排序，也並不是朗瑛的創見，宋朝學者洪巽早在《暘谷漫錄》一書中已經提出類似觀點。朗瑛的高明之處在於，他還將動物性情和陰陽學說相結合，把排序形成的原因更加具體化了：

「如子為陰極，幽潛隱晦，以鼠配之；鼠藏跡也。午為陽極，顯明剛健，以馬配之；馬快行也。丑為陰也，俯而慈愛生焉，以牛配之；牛有舐犢。未為陽也，仰而秉禮行焉，以羊配之；羊有跪乳。寅為三陽，陽勝則暴，以虎配之；虎性暴也。申為三陰，陰勝則黠，以猴配之；猴性黠也。日生東而有西酉之雞，月生西而有東卯之兔，此陰陽交感之義，故曰卯酉為日月之私門。今兔舐雄毛則成孕，雞合踏而無形，皆感而不交者也。故卯酉屬兔雞。辰巳陽起而動作，龍為盛，蛇次之，故龍蛇配焉。龍蛇，變化之物也。戌亥陰斂而潛寂，狗司夜，豬鎮靜，故狗豬配焉。狗豬，持守之物也。」

關於生肖交椅是怎麼排出的，還有一種說法影響也比較大，那就是認為生肖與動物出沒時間，也就是跟牠們的習性有關。明末文人李長卿在《松霞館贅言》中就提出了這樣的觀點，後來被清代劉獻廷《廣陽雜記》轉引——

子時，天色未亮，老鼠是耗蟲，需要牠來咬開天，所以「子」與鼠相配；天開之後需要闢地，牛耕田，屬闢地之物，所以「丑」同牛搭配；人生於寅時，有生就有死，而奪人性命者莫過於虎，「寅」又有敬畏的意思，所以「寅」同虎相配；卯時，太陽即將升起，而陰陽相感，太陽中也含有月亮的精華，故「卯」時與月宮玉兔相連；辰是三月的卦象，三月恰值群龍行雨之時，「辰」就屬龍了；巳是四月的卦象，這時候青草茂盛，蛇適得其所，如此，「巳」時屬蛇；午時，陽氣由極盛而衰，陰氣即將產生，馬至為剛健，四蹄飛奔，卻不離地，所以「午」時歸馬；未時，羊吃此時的草容易上膘，故「未」時歸羊；申時，猴子非常活躍，喜歡啼叫，故讓猴與「申」時搭配；酉時月亮升起，月中含有日之精華，故「酉」與日中之雞相連；戌時，狗開始看守門戶，所以「戌」時與狗相連繫；亥時，萬籟俱寂，萬物也正孕育於混沌之中，此時豬睡得最熟，就把「亥」時送給了豬。

第五節　民間故事釋生肖

生肖文化有諸多奧祕，學者們也給出了不少闡釋，可那些闡釋似乎總是難以自圓其說，讓人不盡滿意。下面，就讓我們來見識一下老百姓的智慧吧。十二生肖，是民間故事歷來偏愛的一個主題。而下面這則故事，是民間流傳很廣的一個版本。

有一天，玉皇大帝覺得凡間用天干地支紀年雖然不錯，但是一般人哪裡記得什麼子午卯酉？若是用動物來代替，豈不通俗又方便？於是決定召開一個甄選生肖大會，頒下聖旨通知各類動物。

那時候貓和老鼠還是好朋友，吃住一塊，情逾兄弟，接到聖旨都很高興，說好要一起去參加大會。因為貓喜歡睡覺，常常一睡就日過三竿，所以大會前夜跟老鼠商量：「鼠弟，明天大會，我怕睡過頭，拜託你明早叫我起床好不好？」老鼠說：「貓哥，沒問題！你放心睡好啦，到時我一定叫你！」貓聽了，道聲謝謝，真的放下心來呼呼大睡了。次日，天還暗黑黑的，老鼠就起床了，躡手躡腳地梳洗一番，卻沒有叫醒熟睡的貓，自個兒走了。

天大亮時，各種動物陸續來到大會場，盛況空前。玉皇大帝詳看斟酌，選出鼠、牛、虎、兔、龍、蛇、馬、羊、猴、雞、狗、豬十二種動物，作為人的生肖。挑出十二種動物後，接下來就是排次序的問題，這引起了會場內一陣騷動，每個動物都想做領頭。玉皇大帝似乎也有點頭痛，不知怎麼排序才算公平。這時，他突然發現，大家吵吵嚷嚷，只有敦厚老實的牛靜坐一旁，安然悠閒，一點也不激動。他當下有了主意，說：「別吵了，順序由我來決定。你們之中的牛個頭大，性情穩重，讓牛做第一肖。」玉皇大帝的話，誰敢不從？就連一向兇猛、自尊為百獸之王的老虎，雖然怏怏不樂，也沒有提出異議。

不料小老鼠跳出來，吱吱兩聲說：「應該是我最大，排第一才對！」大家好生奇怪，十二種動物中明明就是牠最小，怎麼自稱最大呢？真是腦袋有毛病了。老鼠說：「每次我一出現，看見的人總會叫，『呀，好大的老鼠！』從來也沒有聽人說過『好大的牛』，可見我在人們心目中比牛大。」老鼠這一番話，大家都不信服，玉皇大帝也感到懷疑，怎麼人們會認為鼠比牛大？老鼠提議：「你們若是不信，可以到人多的地方試試，如果人們都說我大，就讓我做第一生肖，怎麼樣？可不能反悔呀！」

眾禽獸滿腹狐疑，玉皇大帝也同意試一試，於是相伴到人間的市集去。當牛走入市集時，人們對牠都視若無睹，繼續自己的買賣，這時狡猾的老鼠突然爬到牛背上，趕集的人們一見牛背上的老鼠，果然驚呼起來：「啊呀，好大的老鼠！」玉皇大帝親耳聽到有人都這樣說，無可奈何，只好讓老鼠做第一生肖，牛只能屈居第二了。

老鼠當上第一生肖，意氣風發，得意揚揚地回來，這時貓剛睡醒，睜開惺忪的眼睛，伸了個懶腰說：「鼠弟，咱們快準備去開會吧！」老鼠嘴一撇，說：「你還在做夢呢！大會早結束了，我還當上了第一名。」貓吃了一驚，睡意全消，圓睜大眼問：「真的？那你為何沒叫我？不是說好一起去的嗎？」老鼠雲淡風輕地回答說：「哦！我忘了。」貓氣得鬍子根根翹起，大聲嚷罵：「老鼠！你不講信用，答應要叫醒我的，我才放心睡，卻害我誤了大事，看你怎麼賠？」老鼠不但不認錯，還一副滿不在乎的樣子，尖口利舌道：「我又不欠你什麼，憑什麼要我叫你？我就是故意不叫你的，你又能怎樣？」這下貓氣壞了，說：「平日你膽小，我總是護著你，今日你卻情義全無，可恨！」只見牠身子一弓，撲上去用力咬住老鼠的喉嚨，左右各甩一下，老鼠後腿抖了抖，吱一聲就斷氣了。從此，貓見了老鼠就挑起心頭恨，欲置之於死地，從此貓鼠成了世代冤家。

一則小故事，不僅輕鬆詼諧地解決了讓學者撓頭的生肖難題，還合情合理地解釋了貓和老鼠世代為敵的原因，老百姓化繁為簡的智慧和天馬行空的想像力真讓人嘆服！

第二章　十二生肖的生靈性情

生肖的意思是「生在哪年便肖似哪種動物」，那麼，這些生肖動物各有哪些特點和脾性呢？

第一節　碩鼠碩鼠，無食我黍——狡黠小鼠

鼠類，是地球上龐大而古老的動物家族。牠是哺乳動物的第二大科，有五百餘種。近年來的考古發現，人類還沒出現以前，鼠已經在地球上生活了四千七百多萬年。

鼠的共同特徵是形體小，眼睛小，口吻突出，尾裸而具鱗片。但具體情況也不一而足，如世界上最大的鼠——美洲負鼠，牠體軀如貓；而最小的鼠大小如頂針，在顯微鏡下才能看清牠的五趾，牠就是俄羅斯巴爾喀什湖地區的跳鼠。

不同種類的鼠分布在不同區域，習性也有差異。在中國，最常見到的是以下四種鼠：褐家鼠，喜棲於溝渠旁，故又稱溝鼠，牠也是世界上數量最多的鼠，約占全球鼠類的三分之一；黑家鼠，善於攀登，喜居於樓閣等高處，故又稱屋頂鼠；黃胸鼠，在中國南方廣布，習性與黑家鼠相似；小家鼠，全中國廣布，體形小，常棲居於民房雜物堆及各種縫隙中。此外，常見的鼠類還有巢鼠、田鼠、沙鼠、倉鼠等。

鼠，在民間又有「老鼠」、「耗子」等稱謂，後者得名的原因就是鼠特別能損耗物品。古人造字取象，甲骨文中的「鼠」字就像是一隻小老鼠張著嘴在咬東西。

鼠的繁殖能力和生存能力一流，故其家族龐大，據統計，全球鼠的數量為世界人口的數倍，牠們每年食用的糧食能達數千億噸。據報導，一九九六年中國吉林榆樹縣一戶農民在冬季挖鼠洞，找到了上千斤大豆；一九九三年，新疆和田地區在鼠洞裡挖出一萬餘斤棉花。人類辛苦勞動所得就這樣被老鼠輕鬆據為己有！

飽受鼠類折磨的可不只是現代人，中國最早的詩歌總集《詩經》中的〈碩鼠〉篇，就如此吟詠道：

「碩鼠碩鼠，無食我黍！三歲貫女，莫我肯顧。逝將去女，適彼樂土。樂土樂土，爰得我所？碩鼠碩鼠，無食我麥！三歲貫女，莫我肯德。逝將去女，適彼樂國。樂國樂國，爰得我直？碩鼠碩鼠，無食我苗！三歲貫女，莫我肯勞。逝將去女，適彼樂郊。樂郊樂郊，誰之永號？」

這是古人對老鼠發出的懇求：大老鼠呀大老鼠，不要再偷吃我種的黍！多年辛苦養活你，你卻不顧我的生活……

老鼠損耗物品，除為食用，還有個不得已的原因。老鼠屬於動物界中的嚙齒目，這一目動物的基本特徵一致，除都具有兩上兩下四顆齒形門齒而無犬齒之外，還有個突出特點——齒髓腔不封閉，故門齒能一直生長。為抑制門齒生長，老鼠就只能經常啃咬硬物了，正因如此，舊時人家家中鼠多，衣櫃、書本便常被牠們啃得粉碎。

除了身為「耗蟲」，老鼠還有一個致命的壞處，那就是傳播疾病。老鼠能夠傳播的疾病至少有三十種，其中最可怕的是鼠疫。鼠疫早在兩千年前即有記載，而一七九三年雲南師道南所著《死鼠行》中描述當時「東死鼠，西死鼠，人見死鼠如見虎。鼠死不幾日，人死如圻堵」，鼠疫之害，令人驚悚！

老鼠德行不佳，自然招致罵名。鼠目寸光、鼠竄狼奔、鼠肝蟲臂、鼠牙雀角、鼠竊狗盜，這些成語無一不是人們借鼠的卑劣來說事。人類不僅用語言泄恨，也採取了實質性的行動，欲將老鼠置之死地而後快，種種滅鼠高招層出不窮，官方也曾將老鼠列入「四害」，掀起大規模的滅鼠運動。

然而正所謂「敵在明處，我在暗處」，鼠類自有辦法對付自稱「萬物之長」的人類，長期從事偷盜行為的牠們早已練就一身本領。老鼠啃食總是小心翼翼、吃吃停停，一旦有點風吹草動，耳聰目明的牠們立即溜之大吉。人類最常用來對付老鼠的方式是投放老鼠藥，不過多少年來，這一方式並未取得理想收效。

一開始，人們把失敗歸咎於老鼠對毒藥的抵抗力不斷增強，後來科學家們發現，這其實是由於老鼠的智商特別高。靈長類動物的大腦呈螺旋狀，但老鼠的大腦卻是一片平滑，不過，這並不影響老鼠具有驚人的智慧。科學家們指出，老鼠具有極精細的神經系統，在一個城市投放一種新的毒鼠藥，幾個小時內，消息就可以傳遍各個鼠群。人們剛開始使用毒鼠藥時，老鼠曾經無法應付，但如今牠們都知道尋找富含維生素E的食物來吃，因為這種物質有助於解毒。老鼠生來謹慎，第一次吃到新的東西，牠絕不吃多，而且一發現不對勁，就不再讓其他老鼠接近，從而保護了整個鼠群。

此外，老鼠還有一種特殊的能力，能把對某事物的厭惡遺傳給下一代。這樣，發生在上一輩老鼠身上的悲劇，絕不會在下一代老鼠身上重演。就是依靠這些本領，鼠族日益昌盛。據科學研究，成年的老鼠還對人類的話語有所反應，其智商甚至接近七八歲兒童的水準。

如此看來，造物主是公平的，老鼠行竊是本性使然，上天也寬容地賦予了牠足夠的生存本領。而人類亦是寬容的，其實，撇去老鼠陰暗的那一面，牠身材嬌小，四肢靈活，圓頭細爪，外表尚有幾分可愛，而牠探頭探腦、遇事飛快開溜的模樣，讓人類既生氣又無奈，還有幾分滑稽感。所以人對鼠的情感也是矛盾的，雖有厭惡，也有喜愛。中國有一支家喻戶曉的童謠：「小老鼠，上燈臺，偷吃油，下不來。叫媽媽，媽不來，嘰裡咕嚕滾下來。一滾滾到油缸裡，爬呀爬呀出不來。」童謠裡，老鼠是一副多麼單純可愛的形象！

不少中外卡通片也以聰明伶俐的老鼠為主角，如舉世聞名的動畫片《湯姆貓與傑利鼠》(*Tom and Jerry*)中，家貓湯姆絞盡腦汁想要抓住老鼠傑利，可機靈的傑利總能使湯姆狡詐的詭計適得其反，最終讓牠自食其果。貓和老鼠亦敵亦友，惡作劇和幽默片段讓人不斷捧腹。

美國的動畫大王華特．迪士尼有句名言：「一切都始於一隻老鼠（It all started with a mouse）！」原來，年輕時的迪士尼曾經窮困潦倒，一天，他正在畫板上描繪著他的漫畫家之夢，一隻老鼠瑟瑟縮縮地爬到桌子上偷食麵包屑，但他並沒有趕走牠或置牠於死地。以後，這隻老鼠便頻頻光臨，甚至大膽地與他逗樂。這隻可愛的老鼠激發了迪士尼的創作靈感，他以之為原型，創作出了風靡世界的卡通明星——米老鼠，也正以此為起點，才有了日後給全世界小朋友和大朋友們帶來歡樂的迪士尼王國。

今天，關於鼠的趣聞仍在繼續。據新聞報導，某天晚上，一位姓徐的老漢正在看電視。突然，他背後靠牆的碗櫃上傳來「吱吱」的叫聲。徐老漢回頭一看，只見一隻碩大的灰老鼠，兩隻眼睛瞪得大大的，正在看電視。看到歡暢處，牠還會手舞足蹈，嘴裡發出「吱吱」的叫聲。徐老漢沒有驚動牠，而是讓牠繼續看下去。從此，這隻老鼠就成了徐老漢家看電視的常客。不時，徐老漢還能從老鼠看電視時那可愛又豐富的表情中，得到不少樂趣呢！

第二節　耕農之本，百姓所仰——俯首為牛

十二生肖裡面，「牛」在人們的日常口語中出現的頻率絕對排名三甲，大家常會將「牛」、「大牛」、「你真牛」、「牛什麼牛」、「牛氣」、「吹牛」等掛在嘴邊，之所以會出現這樣的文化現象，應該與牛超常的生理特性有關。

牛屬於哺乳綱偶蹄目牛科，下分牛屬和水牛屬，前者又包括普通牛（分布較廣）、駝峰牛（印度和非洲等熱帶地區特有的牛種）、氂牛（中國青藏高原的獨特牛種）、野牛（分布於美洲、歐洲等）四種。在中國，北方常見黃牛，毛為黃褐色，屬於普通牛；南方常見水牛，毛為棕黑色。

牛類的生理特點是：頭上有角；牙齒為三十二枚，其中門齒八枚，上下臼齒二十四枚，無犬齒；上顎無門齒，只有齒墊；牛的胃與眾不同，分四個室，一為瘤胃，二為蜂巢胃，三為重瓣胃，四為皺胃；牛採食很粗糙，不經細嚼即將飼料嚥下，進入瘤胃後，經過水分的浸潤膨脹和微生物的發酵，透過蜂巢胃，重新返回口腔內細嚼後，進入重瓣胃，再入皺胃到達腸部，這一過程叫做反芻。消化系統的上述特點，使得牛力強，耐苦勞，適於負重或耕田。

牛是農耕民族的祖先最早飼養的動物之一。在五千多年前，牛就被馴養成為家畜，在中國山西、河南、四川等地都出土過距今五千年左右的水牛遺骸化石。牛也是遊牧民族最早飼養的牲畜之一，古代北方少數民族敕勒族有一首著名的民歌〈敕勒歌〉：

「敕勒川，陰山下，天似穹廬，籠蓋四野。天蒼蒼，野茫茫，風吹草低見牛羊。」

早在殷商時期，人類就發現牛可作為動力資源，能夠挽犁拉車。從此，原先的人拉犁轉變為牛挽犁，不僅耕地面積擴大了，深翻土地、精耕細作也成為可能。甲骨文中常見的「犁」字，即像牛牽引犁頭翻土的樣子。漢朝應劭曾在《風俗通義》中講道：「牛乃耕農之本，百姓所仰，為用最大，國家之為強弱也。」

從歷史的長河來看，牛耕的發明大大提高了生產力，是人類發展史上的一個重大事件。而微縮到一個家庭來講，在過去，牛是一個農業家庭的主要勞動力，牠陪主人起早貪黑，勤懇勞作，吃得粗糙卻做得多，任勞任怨，因而農民們都將牛視為家中寶，甚至心頭肉。

正因為牛的勤勉踏實非其他動物所能及，所以魯迅先生曾用「俯首甘為孺子牛」來表達自己為人民無悔奉獻的決心。牛的好處又不僅限於耕作，牠還能提供牛奶、牛肉，所以魯迅又用「我吃的是草，擠出的是奶」來表達自己不願計較、甘於奉獻的精神。

牛體格健壯，性情執拗，所以今天人們形容一個人體格好，常說他「壯得像頭牛」，而說他脾氣大，就會說他是「牛脾氣」。

由於牛的上述特點，古今中外都有鬥牛運動。人與牛搏鬥的傳統，中國古已有之，在河南南陽出土的漢畫像石上，就有人牛相鬥的場面。兩牛相鬥，也是常見的鬥牛方式。

在中國，以浙江金華鬥牛最為有名。金華鬥牛，歷史悠久，相傳始於北宋明道年間，根據文獻記載，當時的鬥牛盛會，觀眾多達千萬人。此風最盛的是金華北鄉，從每年春播結束後的「開角」進行一年中的第一次鬥牛，一直延續到第二年春耕前「封角」的最後一次鬥牛為止，除農事大忙稍有間斷外，幾乎是一月一大鬥，半月一小鬥。戰國時期，齊國田單曾布火牛陣一舉擊敗燕軍，利用的也是牛的驍勇。

西班牙鬥牛舉世聞名，英勇無畏的鬥牛士手持紅色斗篷在公牛眼前晃來晃去，靈巧穿梭，而被激怒的公牛的尖角猶如利刃多次與鬥牛士擦肩而過，引起觀眾陣陣驚呼，非常驚險刺激。許多看過鬥牛表演的人以為是斗篷的紅色刺激了鬥牛，使之易怒，殊不知公牛其實是色盲，無論你拿什麼顏色的布靜止地展現給牠，鬥牛都是沒有感覺的，只有搖動的物體才能激起牠們的鬥志。

不過，大多數時候，牛其實是一種平靜溫和甚至溫情脈脈的動物。田間休息時，牠悠閒地嚼著草，呈現一幅自在安然的畫面。

中國古代思想家老子騎一頭青牛出函谷關（今河南與陝西交界處）西行，為後人留下不朽的哲學名著《道德經》，他選牛為坐騎頗有道理，牛安閒的氣質正與老子逍遙的精神相吻合。

有個成語叫「對牛彈琴」，彷彿牛是種不解風情的動物，實則不然，牛通人性，牠雖不能言語，卻對生活和主人有著濃濃的依戀和不捨。當其年歲漸老，即將被宰殺時，兩眼會不停地流淌淚水，面對此情此景，宰牛人也不得不將牛頭裹住再殺。而宰殺牛也是農民最不願做的事情之一，他們認為，殺掉勞苦功高的牛是有損陰德的。

第三節 聲吼如雷，風從而生，百獸震恐——虎為獸首

如果說非洲的獸中之王是獅子，那麼亞洲的獸中之王毫無異議應該是虎。中國人很早就認為虎在百獸中居王者之位。中國最早的字典《說文》中曰：「虎，山獸之君也。」漢代應劭的《風俗通》也說：「虎為陽物，百獸之長也。」

古代有不少文人爭相描摹山林霸主的姿態，《格物論》中的一些描述就很精彩：

「狀如貓而大如牛，黃質黑章，鋸牙鉤爪，鬚健而尖，舌大如掌，生倒刺，項短鼻齇」，「凡虎夜視，一目放光，一目看物。聲吼如雷，風從而生，百獸震恐」。

古生物學研究表明，虎發源於地質年代的第三紀，由古肉食動物中的真貓類進化而來，牠的存在已有兩百多萬年以上的歷史了。

在動物學分類上，虎與獅、豹同屬哺乳綱大型貓科動物。牠的原產地是歐亞大陸北部，後來因為氣候突然變冷，就向南遷徙，經中國、印度直至東南亞地區。根據身體結構、產地、生活習性、毛色等不同，虎又分為東北虎（又稱西伯利亞虎或黑龍江虎）、華南虎、印度虎、中亞虎（又稱南亞虎）、蘇門答臘虎、爪哇虎、裡海虎和峇里虎八個

亞種，其中後三種已經滅絕。

現代虎身長一點四公尺到二點八公尺，尾長可達一點一公尺，體重為一百六十公斤至兩百三十公斤，重者甚至達到三百八十公斤。前述八個亞種中，東北虎體型最大，蘇門答臘虎最小，前者體重超過獅子，甚至是小體型熱帶虎的兩倍。

虎的名號，並非浪得。牠在自然界中處於食物鏈的最頂端，以大中型食草動物為食，也會捕食其他食肉動物，曾有攻擊捕殺亞洲象、犀牛、鱷魚、豹、熊等大型動物的紀錄。

虎喜獨行，每隻成年虎均有自己的領地，甚至雌雄之間平時也互不往來，各自在自己的區域內活動，只有到發情時節才聚在一起，交配後又各奔東西。虎不僅不允許其他成年虎侵犯自己的領地，即使其他食肉動物，諸如豹、狼群等，也都會受到一定壓制。

虎的爆發力大，跳躍能力強，一跳五、六公尺遠，有粗壯的牙齒和可伸縮的利爪。虎的捕食本領高強，不只有勇，而且有謀。老虎遇到獵物時會伏低，並且尋找掩護，慢慢潛近，牠的腳上生有很厚的肉墊，在行動時聲響很小，機警隱蔽，等到與獵物處在合適的攻擊距離時，牠突然躍起，攻其背部，這是為了避免遭到獵物反抗而傷及自身，緊接著牠就用銳利的犬齒咬斷獵物咽喉。整個捕食過程老虎異常兇猛，動作乾淨俐落，以圖消耗最小的能量得到最大的收穫。

虎還有不少其他本領，比如游泳，牠可以一口氣橫渡三至五公里的河面；牠能模仿鹿鳴，將鹿引來以便捕殺；牠還會「掛爪」，就是在某處留下自己的足跡，作為與同類或其他獸類聯繫的信號。民間有個廣為流傳的故事，說的是虎的這些本領其實是貓教的：

貓原本是叢林中本領最高的動物，老虎前來拜師，貓便將本領悉數傳給了牠，可是誰知老虎學成之後竟然與貓反目，打算將貓置之死地，幸虧貓當初長了個心眼，留了最後一手——沒有教老虎上樹，才躲到樹上，逃過了一劫。

當然這只是個故事，不過在生活當中，倒真的被不少當師傅引以為戒，不敢將看家本領傳於徒弟，以防「教會徒弟，餓死師傅」。

虎的力與勇，為人所羨慕。古時候，人們稱英勇善戰的將士為「虎將」；稱英雄好漢為「虎賁」；出兵作戰之時，戰士身穿虎紋衣服，刀劍上刻虎，兵車和戰旗上也畫虎。這些都反映了人類期冀透過與虎相類，來獲得虎一樣的能力的心理。

然而，虎與人終究不免一鬥，且這場爭鬥很早就開始了。中國陝西藍田公主嶺曾出土虎化石——虎的上頷骨及不完整的下顎骨，在發現時，虎的上頷骨和藍田人的頭蓋骨緊緊合在一起。正如明代劉伯溫在《說虎》中所分析的，「虎之力，於人不啻倍也。虎利其爪牙，而人無之」。人在生理上的劣勢決定了在距今至少一百萬至兩百多萬年前的那場搏鬥中，人死虎口。

然而人終究是高等智慧生物，「虎用力，人用智；虎自用其爪牙，而人用物」，數百萬年來，人與虎的爭鬥從沒有停止。而今，人類終於將虎這個威風凜凜的森林之王逼到了死角。

當下僅存的虎的五個亞種生存瀕危。資料顯示，印度目前尚存兩千五百隻左右的印度虎，並以每年四百隻左右的速度迅速減少。在中國，東北虎和華南虎都被列為一級保育類動物。一九九四年，世界野生動物基金會已將東北虎列為世界十大瀕臨滅絕動物之首。據報導，全世界的野生東北虎總數少於兩百五十隻。野生華南虎的蹤跡早已難尋，據一九九八年統計，中國二十多家動物園圈養的華南虎只有五十一隻，而由於近親交配、生存環境與野生環境相差太遠、缺乏訓練等原因，圈養的華南虎也大多身體孱弱。

二〇〇七年底，一起「華南虎事件」轟動了整個中國。一個陝西農民自稱在自家附近的山上拍到了一張野生華南虎的照片，並將它公之於眾，圍繞照片真偽和野生華南虎是否尚存的話題，掀起軒然大波。最終，權威人士經鑑定得出結論：照片是偽造的。這個結論幾乎宣布野生華南虎已然絕跡，令人扼腕心痛。

說到這裡，有一個誤會必須澄清。人與虎的鬥爭局面當中，多數時候，自衛方不是人，而是虎。儘管人類「談虎色變」，將虎視為極可怕的動物，但是老虎其實很少主動攻擊人類，牠們只有在食物短缺時才做出這樣的舉動。相反，是人類太過貪婪，試圖獲得虎皮、虎肉、虎骨，非置之於死地。更可悲的是，人類將老虎的家園據為己有，破壞殆盡，將老虎的獵物也一一捕殺，使其無處覓食。

值得深思的是，作為處於食物鏈頂端的一種動物，虎的存在其實表明了一種天然的生態平衡，而今，百獸之王的踉蹌腳步是否又昭示著人類終將會由於毀壞家園而自食其果？

第四節　雄兔腳撲朔，雌兔眼迷離——溫婉如兔

兔，頭部略像鼠，具有管狀長耳，上嘴脣中間裂開，簇狀短尾，有比前肢長得多的強健後腿。兔是哺乳綱兔形目動物的統稱，有九屬四十三種。從與人類關係的角度，大致可分為野兔和家兔兩種，後者由前者進化而來。

根據考古學家發現的化石，兔的歷史可以追溯到三千萬至四千萬年以前。至兩百萬年前，兔仍然在歐洲廣泛繁殖，但後來到了冰河時期，為了躲避嚴寒的天氣，牠們遷移到了歐洲西南部地區。西元前一一〇〇年左右，兔子在西班牙被腓尼基商人發現，後來將之運送到了世界各地。

中國人跟兔子打交道的歷史由來已久。一九七〇年代，在北京周口店遺址發現了比北京猿人晚些、比山頂洞人早些的「新人」居住的「新洞」，新洞裡的動物化石中就有野兔化石，洞裡還有用火的痕跡，可以推斷燒兔肉已是當時人們的美食之一。在殷商甲骨文中，有象形字「兔」；根據商代甲骨卜辭紀錄，當時的狩獵對象有像虎、鹿等九種，兔也在其中。

兔的價值在其肉及皮毛，也在其外貌體態。早在先秦孝成王時，中國已經有了園囿養兔，到西漢梁孝王時，還出現了專門的兔苑，這些兔都是專門供皇帝觀賞的。而今，國內寵物店銷售的兔有荷蘭兔、荷蘭垂耳兔、安哥拉兔、中國白兔等不少品種。

說到白兔，「小白兔，白又白，兩隻耳朵豎起來，愛吃蘿蔔和青菜，蹦蹦跳跳真可愛」，這首童謠耳熟能詳。雪白長耳的白兔溫婉嫻靜，著實惹人喜歡。

其實，中國的家養白兔是明崇禎帝時由海外引進的。在明以前，白兔極少見到，正因如此，那時人們對白兔推崇備至，甚至想像兔子的壽命有千歲，只有活到五百歲的，皮毛才會變成白色。兔的出現被視為帝王仁德的瑞兆，所以但凡有人發現白兔，便被當作寶物進獻給朝廷。

白兔的眼睛是紅色的，這一點令人印象深刻。究其原因，跟其體內的色素有關：體內含灰色素的兔，毛和眼睛便為灰色；含黑色素的兔，毛和眼睛便是黑色。不過白兔體內不含色素，牠的眼睛其實是無色的，我們看到的紅色是牠眼球中毛細血管的顏色。

兔的雌雄較難辨別，所以古人對兔的性別曾有些荒謬的認知。如古希臘、古羅馬和猶太學者認為兔不分雌雄，或者兼具雌雄兩性；中國古人也曾認為只有月中玉兔是雄性的，天下的兔子都是看到月中兔而受孕。這些謬誤的產生也在情理之中，因為雌雄兩性兔子的生殖器外形區別並不太明顯。

當然，錯誤的觀念並沒有持續太久。南北朝時的著名敘事詩〈木蘭辭〉中有一句：「雄兔腳撲朔，雌兔眼迷離，雙兔傍地走，安能辨我是雄雌」，說明那時兔分雌雄兩性已是人們的常識。

溫婉的兔子有許多令人稱道的優點，首先是跑得快，我們都聽過「龜兔賽跑」的故事，其中的兔子明明穩操勝券，卻「大意失荊州」。古代傳說中有種仰面朝天飛的飛兔，也稱飛鼠，大概是人們根據兔的特點幻想而來。《山海經》中提到了牠：「天池山有獸如兔，鼠首，以其背飛，名飛兔。」分布在河南西部和山西南部地區的二里頭遺址曾經出土過一件帶有仰身兔圖案的陶片，陶片中兔子在龍蛇上方，龍蛇是騰雲駕霧的，因而可以推斷這隻兔大致就是飛兔。

有趣的是，歐洲也有野兔仰面飛跑的故事，故事中野兔有八條腿，其中四條在背上，當牠跑累了，就翻過來用背上的腿仰面朝天地跑，再跑累了，就再翻一下接著用身下的腿跑，這樣牠就能連續幾天幾夜地飛跑了。

因為兔子奔跑得很快，於是就有了動若脫兔、光陰脫兔等成語，而古人也喜歡用「兔」為愛馬命名，如秦始皇的戰馬「白兔」和關羽胯下的「赤兔」。

兔是種機靈的動物，這一點獵人最清楚。野兔知道獵犬是依靠嗅覺追蹤目標的，因而有絕妙的逃脫辦法。比如牠會向前奔跑較長距離之後，再沿原路返回奔跑一段，然後橫向躍入草叢隱藏起來，獵狗卻不知道，牠會一直追蹤到野兔曾到達的最遠的地方。據說在打獵時，獵犬一看到野兔就會興奮異常，不聽獵人使喚，但常常勞碌半天無功而返。遇到這種情況，獵人也很無奈。

「聰明」有個同義詞，那就是「狡猾」。有個成語叫「狡兔三窟」，形容為保命而準備多個藏身之處，這的確是兔的習性之一。兔的巢穴是相通的，有多個出口。而獵人也利用兔的這個特點想出一個捕兔妙招，在一個洞口點火煙燻，在其他洞口等兔子自己跑出來，真可謂，再狡猾的兔子也逃不出獵人的獵槍。

在動物世界當中，食草而體格較小的兔處於劣勢，所以，上述特點無疑是只為自保，但是弱小的兔子也有反抗的時候，所以人們常說「兔子急了還咬人呢」。

科學研究發現，兔也有表情語言——咕咕叫，代表兔子很不滿意，正在生氣；發出噴氣聲，代表兔子覺得某些東西或某些行動令牠受到威脅；用腳尖站起，表示警覺或警告，牠會保持這動作直到危險過去。

不過，兔也有友好表示——舔主人的手代表感謝；邊跳躍邊前後抽動尾巴表示調皮，告訴主人「你不會捉住我」；把鼻子和身子靠近籠邊，表示想要食物或放風；側睡並把腿伸展，代表牠們感到舒適和安全。

第五節　春分而登天，秋分而潛淵——神龍莫測

龍與十二生肖中其他動物的最大不同，在於牠只存在於人們的口耳之間。中國人透過集體想像，塑造出了龍的形象、龍的脾性乃至於龍的家族和家庭。

從古到今，龍是畫家和文人筆下的愛物，雖未見過龍，但中國人對於牠的相貌卻有大致相同的一串見解。

民間畫龍時有「馬首蛇尾」的說法，就是按照馬頭的樣子來畫龍頭，按照蛇尾巴的樣子來畫龍尾，而宋朝羅願則將龍的形象更為詳細地歸納為「九似」：「角似鹿，頭似

駝，眼似兔，項似蛇，腹似蜃，鱗似魚，爪似鷹，掌似虎，耳似牛。」不過據學者研究，中國文化中的龍形象並非一蹴而就，牠的形成有個歷史過程。

以龍角為例，商代以前的龍形象並沒有角，由於商代人特別崇拜角，認為它象徵權力和力量，覺得龍有角才更有神力，於是龍便「生」出角來。一開始龍角的形狀還不固定，有的如長頸鹿角呈錐形，有的如綿羊角向後卷，也有的如花冠或者似羚羊角，還有前卷形、虎耳形、螺旋形等各種造型。到了漢代，出現了鹿形龍角。再往後，鹿角樣式漸漸占據主流，龍角大致定型。

據專家考證，龍形象的基本成型是在秦漢時期，不過後世仍有微調。如元以前的龍形象基本是三爪的，有時前兩足為三爪而後兩足為四爪，明代流行四爪龍，清代則是五爪龍居多。

在中國商、周、戰國時期的青銅器上，我們能看到不同形態的龍，這是因為在中國古人的想像當中，龍跟其他真正存在的動物一樣，既分不同種類，也因成長時期不同而呈現出不同的體態習性。

許多古籍中都提到過不同種類的龍。如《廣雅》云：「有鱗曰蛟龍，有翼曰應龍，有角曰虬龍，無角曰螭龍。」《方言》曰：「龍未升天曰蟠龍。」

相傳蛟是種能發洪水的有鱗的龍，牠得水即能興雲作霧，騰躍天空。宋代的《墨客揮犀》將其描述得更為具體：「蛟之狀如蛇，其首如虎，長者至數丈，多居於溪潭石穴下，聲如牛鳴。」

有翼的龍稱應龍，《述異記》記述：「龍五百年為角龍，千年為應龍」，可見應龍為龍中之精。

虬龍是傳說中一種有角的龍，《楚辭．天問》有：「焉有虬龍，負熊以游？」

螭龍是無角的龍，《漢書．司馬相如傳》中也有「赤螭，雌龍也」的註釋，出土的戰國玉珮上則有龍螭合體的雕刻圖案，意為雌雄交尾。

蟠龍是蟄伏在地尚未升天之龍，呈盤曲環繞狀。中國古代建築中，盤繞在柱上和裝飾在梁上、天花板上的龍一般稱為蟠龍。此外，龍的家族還有虺、夔等種類。

漢《說文》云：「龍，鱗蟲之長。能幽能明，能細能巨，能短能長，春分而登天，秋分而潛淵。」《三國演義》中，曹操煮酒論英雄時曰：「龍能大能小，能升能隱；大則興雲吐霧，小則隱介藏形；升則飛騰於宇宙之間，隱則潛伏於波濤之內。」根據唐代志怪小說《集異記》，龍在縮小時像琴弦那樣細，被人發現後，又電閃雷鳴，破天而去。升則起於天空，隱則介乎無形，龍有如此氣魄，如此能力，怎能不讓人心生羨慕！

除了家族，龍也有家庭。先說龍子。民間有「龍生九子」的說法，清高士奇《天祿識餘．龍種》載：

「俗傳龍子九種，各有所好，一曰贔屭（ㄅㄧˋ ㄒㄧˋ），形似龜，好負重，今石碑下龜趺是也；二曰螭吻（ㄔ ㄨㄣˇ），形似曾，性好望，今屋上獸頭是也；三曰蒲牢，形似龍而小，性好叫吼，今鐘上級星也；四曰狴犴（ㄅㄧˋ ㄢˋ），似虎有威力，故立於獄門；五曰饕餮（ㄊㄠ ㄊㄧㄝˋ）好飲食，故立於鼎蓋；六曰蚣蝮（ㄍㄨㄥ ㄈㄨˋ），性好水，故立於橋柱；七曰睚眦（ㄧㄚˊ ㄗˋ），性好殺，故立於刀環；八曰狻猊（ㄙㄨㄢ ㄋㄧˊ），形似獅，似好煙火，故立於香爐；九曰椒圖，形似螺蚌，性好閉，故立於門鋪。」

九子脾性不同，各有愛好，可惜都不成龍。

再說龍母，傳說浙江溫州有位女子將石頭吞入肚中，生下小龍。小龍一邊游入大海，還一邊回頭張望母親，於是溫州就有了一個「望娘匯」，江邊還有一座龍母廟。唐代傳奇小說《柳毅傳》中則提到了龍女，這裡的龍女是龍被擬人化後的產物。她本是洞庭龍王的女兒，被嫁與涇河龍王之子，因夫家虐待做苦工，被主角柳毅搭救，後與柳毅結成連理。

說到這裡，自然要講一下龍王。據說凡是有水的地方，不論是江河湖海，還是池井潭淵，都有各自的龍王。佛教經典《大雲請雨經》上說，共有一百八十五位龍王，都是興風致雨之神。《西遊記》中有四海龍王：東海，滄寧德王敖廣；南海，赤安洪聖濟王敖閏；西海，素清潤王敖欽；北海，浣旬澤王敖順。

其實，原本中國人的觀念中只有龍這種神獸，而沒有龍王這個神靈，龍王觀念是隨佛教傳入而進入中國的，後來道教也把它納入其中。在佛教和道教的共同影響之下，民間才漸漸認可了它。再後來，宋徽宗親自給天下五龍神封了王位，龍王在人們心目的地位便更加穩固了。

龍在世間也有其處所，《括地圖》曰：「龍池之山，四方高，中央有池，方七百里，群龍居之；多五花樹，群龍食之。」可見，這是一處天然的樂園。而擬人化後的龍的住所就華麗多了，《柳毅傳》中對洞庭湖龍宮有一段描述：「白璧為殿柱，青玉為臺階，珊瑚做床，水晶做簾，翠綠色門楣上鑲嵌著琉璃，彩虹般的屋梁上裝飾著琥珀……」龍宮真比皇帝的宮殿還要有過之而無不及。

第六節　鬼轉雷車響，蛇騰電策光——金蛇狂舞

蛇，是無足的爬蟲類冷血動物的總稱。牠身體細長，四肢退化，所以才有「畫蛇添足」這一成語。

蛇在地球上出現的年代非常早，大概在距今一億五千萬年前的侏儸紀。發展至今，牠已成為一個擁有約三千個種類的龐大家族，廣布於除南北極、紐西蘭、夏威夷、亞述爾群島等地之外的世界各地。

蛇分無毒蛇和有毒蛇兩種，後者占蛇全部種類的四分之一，牠出現的年代比無毒蛇晚得多，至早是在兩千七百萬年前。

不同種類的蛇外形差異很大。分布在加勒比群島的馬丁尼亞、巴貝多等島上的線蛇，是世界上最短的無毒蛇，只有九公分長，最長的線蛇王也不過十一點九四公分。分布在東南亞、印尼和菲律賓一帶的網蛇，一般都超過六點二五公尺，最長的可達十公尺左右。

與龍相似，蛇亦是一種神祕莫測的動物，但與前者不同的是，蛇的莫測是看得見、

摸得著的。無論在山上、樹林、草原、田野，還是水中，人們均能發現蛇的身影，蛇給人留下了無處不在的印象。其實，這是因為種類繁多的蛇早已適應了不同的生存環境。

在溫潤潮熱的地方，蛇類尤其多，所以中國閩南一代自古蛇多，福建省的簡稱「閩」，其字形便是在門裡供奉一條蝮蛇。

僅僅多見倒是不怕的，關鍵是蛇對人也並不友善。蛇雖然一般不會主動對人進攻，但若你不小心觸到牠的身軀——在山野樹林等處，觸到牠又是極為可能的，因為牠往往藏在隱蔽處——牠便會馬上本能地回頭咬你一口。特別是毒蛇，有的種類咬人一口，傷者立即斃命，所以人類不能不「談蛇色變」。

據說早時中國人曾以「無它乎」為見面問候語，「它」便指蛇，人們見面就互相問道：「昨晚遇到蛇了嗎？身體沒有什麼傷痛吧？今天可以勞動嗎？」可見蛇給古人造成了多大的困擾。而《韓非子．五蠹》中也講到「上古之世，人民少而禽獸眾，人民不勝禽獸蟲蛇」。

蛇有不少令人費解之處，比如牠能一口吞下比自己大得多的動物。蛇平時喜歡捕捉青蛙、老鼠等小型動物為食，但也曾有過蟒蛇襲擊並吞食美洲虎的紀錄。蛇的進食方式也很特別，牠並非一口一口循序漸進，而是不管獵物有多大，一律張開血盆大口，整個將其吞下去，再在腹中慢慢消化。

遠古時代，「蛇能吞象」的神話廣為流傳。據《山海經》中記載，這種能吞大象的蛇叫巴蛇，牠在吞進大象三年之後才會吐出象的骨頭。有趣的是，宋人在《爾雅翼》中解釋道，「巴」字其實就是指吃了大象的蛇，因為「巳」是古代蛇的一種寫法，而「巴」比「巳」多出的那一橫便是吞入蛇腹的那頭象了。蛇的上述特點，被古人定義為「貪婪」，所以才有了「人心不足蛇吞象」的說法。

在人的印象當中，蛇不僅是貪婪的，也是狡猾的、冷血的。〈農夫與蛇〉的寓言，講的是好心的農夫溫暖了凍僵的蛇，蛇卻在甦醒之後將農夫咬死的故事。這個寓言告誡人們不要對蛇及「蛇蠍心腸」的人抱有憐憫之心。總之，蛇在人的心目中，似乎代表著邪惡。

這固然有「欲加之罪，何患無辭」的成分，不過蛇的習性當中也確實有陰暗之處，比如記仇。蛇的記憶力很好，牠能準確地認出曾經傷害過牠的人，多年以後還會伺機進行報復。

蛇類當然並非一無是處。相傳三國時期曹丕的妻子甄后仿照蛇的盤繞姿態做成了一種名叫「靈蛇髻」的髮型，巧奪天工，每日不同。而清代施鴻保在《閩雜記》中說，福州郊外的農婦頭戴一種名叫「蛇簪」的銀飾，它長五寸許，形狀作成蛇昂首的樣子，為農婦平添了幾許美麗。

在南亞不少國家，有著上千年的舞蛇傳統，今天仍在延續。舞蛇者把含有劇毒的毒蛇纏繞在自己的身上，蛇似乎聽得懂音樂，能伴隨著笛子發出的樂聲翩翩起舞，舞得如痴如醉，這場景神奇而引人入勝。中國音樂家聶耳也曾創作了一支民族樂曲〈金蛇狂舞〉，它旋律昂揚、鑼鼓鏗鏘，宛如一群金蛇熱烈起舞，氣氛歡騰。

不過，需要說明的是，蛇並非天生的音樂舞蹈家，牠其實是聽力障礙者。所謂聞樂起舞，實際是弄蛇人演奏笛簫，笛簫下端吹出的氣流刺激了蛇，蛇在氣流的刺激下才扭動起來。

蛇雖無足，卻遊走神速，牠是依賴身上的鱗片與地面的摩擦力前行。蛇類蜿蜒盤旋和迅捷的行動姿態給了軍事家很多啟示，孫子認為，善於用兵者應學習「常山之蛇」，「擊其首則尾至，擊其尾則首至，擊其中身則首尾俱至」。古時有長蛇陣，也正是模仿蛇的身形與動作而成。

蛇給人類帶來的實際價值也有不少。蛇渾身都是寶，且藥用價值很高。

據李時珍《本草綱目》記載，「蛇膽性涼，能去火治瘡」，對治療失眠、關節炎、咳嗽等症狀都有效。蛇毒可以止血，蛇毒製成的血清是治療毒蛇咬傷的特效藥，有些蛇毒還有鎮痛作用。蛇蛻下的皮叫「蛇蛻」，可入藥治驚風、抽搐、癲癇。而白花蛇泡酒可治半身不遂。

此外，蟒蛇的皮蒙在胡琴、三弦等樂器的共鳴箱上，可為樂器增添美妙的泛音。蛇肉的味道鮮美，廣東料理中，牠被作為許多菜餚的原料，如「龍虎鬥」就是用蛇肉和貓肉做成的。

古往今來，靠養蛇和捕蛇為生的人不在少數。而時至今日，由於生態環境的破壞和人類的亂捕濫殺，蛇的某些品種已經陷入瀕危狀態。

第七節　曾經伯樂識長鳴，不似龍行不敢行——一馬當先

馬，屬哺乳綱馬科動物，食草，是被人類馴化的少數幾種大型動物之一。《說文解字》曰：「馬，怒也，武也。」從中可見馬於本性之中的勇猛剛健，然而，一旦被套上轡頭，牠又成了人類最忠實溫順的夥伴。

世界上的馬有三百多個品種，其中最著名的三個品系是汗血馬、純血馬和阿拉伯馬。

汗血馬因其在奔跑時所流的汗水呈鮮紅色而得名。汗血馬是最純的馬種，阿拉伯馬和英國馬都有牠的血統和基因。牠體型飽滿優美，頭細頸高，四肢修長，皮薄毛細，步伐優雅，體態靈活。中國馬史專家認為，汗血馬其實就是現在還奔跑在土庫曼斯坦的阿哈爾捷金馬。這種馬在平地上跑一千公尺僅需要一分零七秒，速度之快令人驚嘆。

純血馬是世界上速度最快、身體結構最好的馬，牠勇敢、敏感、個性倔強，血統為熱血，是賽馬的最佳品種。

阿拉伯馬是地球上最古老的馬種，是純血馬的祖先。牠雖奔跑速度不如純血馬，但

有極大的耐力和高雅的氣質。阿拉伯母馬在接近敵人戰馬時不會嘶鳴，不會暴露目標，在戰鬥中衝鋒陷陣，英勇無畏，有著迅捷的速度和持久的耐力，因此成為戰馬的上選。當地球上結束了以馬代步的遷徙和戰爭時代後，人類用阿拉伯馬優秀的血統培育出了各種適用於現代賽馬、馬術和休閒娛樂的馬種。

中國的馬主要有蒙古馬和中原馬兩種。蒙古馬身軀粗壯，四肢堅實有力，雖其貌不揚，卻耐力極強，經過調馴的蒙古馬，在戰場上不驚不乍，勇猛無比，蒙古人甚為喜愛，也正是牠，使蒙古族成為世界上赫赫有名的「馬背上的民族」。

與其他家畜相比，馬被馴化的時間較晚，約在五六千年前。世界上最早馴化馬的民族大概是西伯利亞的北方遊牧民族。中國人與馬打交道的歷史也比較悠久，山東章丘龍山鎮城子崖遺址出土的馬的遺骸表明，自四千多年前的父系氏族公社時期，中國人就開始了養馬和馴馬。

馬由野馬演化而來，牠保留了祖先許多敏銳的天性。

馬的嗅覺很發達，牠能靠嗅覺區分主人和陌生人；根據糞便的氣味，牠可以找尋同伴，避開猛獸和天敵；在嗅到生疏或危險的訊息時，牠會發出短促的噴鼻聲以示警備，並把這一訊息通知同伴；馬能利用嗅覺去攝食體內短缺的營養物質，並能在草原上辨別有毒植物或牧草，所以牠很少誤食毒草，還能鑑別受汙染的水和飼料並拒絕食用。

老馬識途的本領，依賴的也是馬的嗅覺。在沙漠中行走時，馬還能辨別大氣中微量的水氣，藉以尋覓幾里以外的水源和草地。

馬的聽覺也很好。馬耳位於頭的最高點，耳翼大，耳肌發達，動作靈敏，旋轉變動角度大，牠無須改變體位和轉動頭部，僅靠耳郭的運動就能判斷聲源方向。馬對音響和音調的感受能力超過人，群牧馬能根據叫聲尋找自己的群體和傳達訊息。夜間放牧時，馬能聽到人所不能聽到的遠處聲音，並對聲音做出判斷。

人類利用馬的聽力來對其進行調教使役。透過訓練，馬能順利接收臥倒、站立、靜立、注意、前進、後退等口令，也能分辨出主人在喚其名字。

唐時，觀賞舞馬曾是備受人們喜愛的一種活動。舞馬似乎懂得韻律，這其實是人利用馬對聲音的敏銳反應調教得來的。據說唐玄宗時，每年都會舉行舞馬大典。這些舞馬被金銀珠寶裝飾得非常華麗，牠們訓練有素，當音樂響起時，隨著節律奮蹄鼓尾，歡騰跳躍。

馬還有一個特別的習性——站著睡覺，這也是從牠的祖先野馬那裡繼承而來的。在弱肉強食的動物世界中，野馬唯一躲避敵害的本領就是奔跑，所以牠時時刻刻保持警覺，連睡覺時都不敢鬆懈，牠不會無憂無慮地臥地而睡，而只能站著打盹。

馬的上述特性及其非凡的腳力，使其得到了人類的重視。長期與馬朝夕相處，中國人對馬的分類非常細緻：騍（ㄎㄜˋ）是母馬，駒是小馬，驥（ㄐㄧˋ）是老馬，騸（ㄕㄢˋ）是喪失生育能力的馬；驍（ㄒㄧㄠ）是強壯的馬，駑（ㄋㄨˊ）是跑不快的馬；驃（ㄆㄧㄠˋ）是有白色斑點的黃馬，騮（ㄌㄧㄡˊ）是黑鬃黑尾的紅色馬，駰（ㄧㄣ）是淺黑帶白色的馬，驊（ㄏㄨㄚˊ）是棗紅色的馬，驪（ㄌㄧˊ）是黑色的馬。

早在殷代，中國已開始設立馬政，這是世界上最早的馬政。周代則將馬分為六類，即種馬（交配用）、戎馬（軍用）、齊馬（儀仗用）、道馬（驛用）、田馬（狩獵用）、駑馬（雜役用）。六種馬都對人類社會的發展做出了貢獻，但在其中最揚眉吐氣的，恐怕還要數戎馬。

在槍炮等火器發明之前，馬所組成的車騎部隊一直是最具威懾力的軍事力量。古語說「旗開得勝，馬到成功」，強調的就是馬在古代戰爭中的重要作用。有關馬的成語也多與戰爭有關，如招兵買馬、千軍萬馬、厲兵秣馬、金戈鐵馬、鞍前馬後、馬革裹屍、汗馬功勞等。

戰國時，人們曾用馬拉戰車的數量來形容國力盛衰，以「萬乘之國」為一等軍事強國，「千乘之國」為二等軍事強國。

所謂「寶馬配英雄」，馬陪主人出生入死，自然也是英雄的心頭愛物。古代不少皇帝都是在馬上得天下的，如秦始皇有追風、白兔、神梟等七匹器重的戰馬，唐太宗的愛馬被雕刻在其陵墓中的石碑上，以便死後相伴，人稱「昭陵六駿」。此外，史上留名的寶馬還有項羽的「烏騅」、關公的「赤兔」、劉備的「的盧」等。

如今，騎馬作戰的時代已經過去，馬也退出了農耕民族的日常生活，但是，在遊牧民族的生活和生產中，馬仍是常見的交通和運輸工具。

蒙古人自小便被扶上馬背學習騎馬，他們自然練就了高超的騎術。在平常放牧時，如果幾個人碰在一起，就會跑上幾千公尺，比比誰的騎技高，誰的馬快。在蒙古族一年一度的那達慕大會上，賽馬更是與射箭、摔跤一起，成為必定舉行的三項競賽活動，奪得賽馬第一名的人和他的馬都會受到人們的青睞和稱讚。

今天，在奧林匹克運動的馬術賽場上，我們也能見到馬的身影，來自世界各地的選手號令馬匹表演各種難度動作，馬兒輾轉騰挪，優雅至極。

中國以牧業為主的少數民族，如藏族、蒙古族、哈薩克族等也喜歡馬術。一些馬上高手的技巧相當高超，能夠在馬上做倒立、空翻、轉體等動作，也能夠在馬上射擊、射箭等。在藏族的馬術活動中，還有跑馬撿哈達的表演。

第八節　善群、好仁、死義、知禮——羔羊之義

羊，是一種溫和安靜的動物。每值羊年，中國人就喜歡說一句「羊致清和」來應景，意思是羊年會是清靜祥和之年。

中國的象形字「羊」大概是根據山羊的模樣創造出來的，它省略了羊的腰身和四肢，突出了羊長長的彎角和頦下的一抹鬍鬚，形象誇張而鮮明。

羊屬於哺乳綱偶蹄目牛科動物。牠分許多種，如綿羊、山羊、羚羊、黃羊、青羊、盤羊、岩羊等，最常見的是前兩種，牠們為家畜，其他種類都是野生的。

世界上的綿羊有兩百多種，在中國分布最多的品種是蒙古羊，牠的肉質好，毛質粗，適應性強。

人類與羊打交道的歷史已有上萬年。舊石器時代的原始岩畫中，已有原始人追捕野生羊群的圖案，它反映了當時人們真實的狩獵場景。狩獵而來的羊若吃不完，原始人就會把剩下的羊圈養起來，就這樣，野生羊漸漸被馴養成家畜。羊是除狗之外人類最早馴養的動物，山羊被馴化的時間大概在一萬年前，大概又過了近千年，綿羊被馴化。

中國是世界上較早馴養羊的國家之一，根據考古證實，中國的養羊歷史可以追溯到八千年前，寧夏中衛市鑽洞子溝的「一人牧三羊」岩畫，表現了原始先民馴養羊的場景。

夏商周三代，養羊已有規模，這在古代詩歌中有所反映。《詩經·小雅·無羊》中有句「誰謂爾無羊？三百維群」，意思是說，誰說你家沒有羊？三百只一群真排場。它說明當時奴隸主養羊已有規模。由於與羊接觸頻繁，古人對羊的認知比較深入，他們會按照羊的大小、公母、色澤、體型乃至閹割與否分別給予其稱謂，不過如今，這些稱謂大多已經失傳了。

古人心目中，羊是一種美好的動物。《說文解字》曰：「美，甘也，從羊，從大。」

也就是說，美字由羊引申而來，羊肉的味道甘美，所以「羊大為美」。

然而，後世學者對此提出了質疑。現代文字學家李孝定先生在《甲骨文字集釋》中對「美」如此解釋：「疑像人飾羊首之形。」他認為原始人以戴上羊角形頭飾為美，「美」字源自視覺。到底是「羊大為美」還是「羊人為美」，至今還沒有定論，不過羊是美的，這點毋庸置疑。

羊的美好之處，首先在於牠是人的衣食之源。古書說「羊在六畜主給膳」，六畜是指「馬牛羊，雞犬豕」這六種人類飼養的家畜。今天，中國人飯桌上最常見的肉類是豬肉，但在古代卻是羊肉。

據記載，宋神宗熙寧十年（一〇七七年），為皇帝做飯的御膳房共用羊肉十多萬公斤，而豬肉卻只有兩千多公斤。中國是美食大國，中國人想出了各種炮製羊肉的辦法，煎、炸、蒸、燜、涮一應俱全，至今，各地仍有一些以羊肉為主料的名吃，如陝西的羊肉泡饃、新疆的烤全羊、內蒙古的手把羊肉等。

羊也是禦寒衣物的來源，羊皮可以製皮袍，羊毛可以織成毛布。根據考古資料，早在三千八百多年前的青銅時代，人們就已開始將羊皮、羊毛用於服裝製作了，而真正的羊皮衣物出現在距今三千至兩千年間。至今，羊皮、羊毛、羊絨製品仍然備受青睞。

羊因品德出眾，被古人封為「德畜」。古人在飼養羊的過程中，發現牠性情溫順，舉止有謙謙君子之風。羊的美好品德主要被歸納為四點：善群、好仁、死義、知禮。

善群，是說羊在群居生活中善於相處。無論是舍飼，還是放養，羊都喜歡聚成一群，並且由一隻年齡大、後代多、身強力壯的母羊擔任領頭羊。羊群在領頭羊的帶領下，一起活動，和平共處。人與羊同是群居動物，然而人群往往不能像羊群這般和諧，總有些大大小小的人際衝突存在，所以羊「善群」的特質受到人的推崇。

好仁，是說羊很善良。山羊頭上有角，但並不好鬥，牠們不會輕易使用頭上的角，所以古人認為羊很善良。

死義，是說羊在被宰殺的時候非常安靜，而不像其他動物那般嚎叫掙扎，這與英雄「視死如歸」的精神很相似。中國古代有個「以羊易牛」的故事，春秋時期的齊宣王有一次在廟堂裡看到即將被宰殺的牛瑟瑟發抖，很不忍心，就令下人用羊來代替牛作祭品。故事的原意是說齊宣王很仁慈，但我們加以分析便會想到：羊與牛一樣是生命，為什麼齊宣王就忍心羊被宰殺呢？大概就是因為羊在赴死時鎮定從容吧。

知禮，是說羊懂禮貌，知恩圖報。小羊羔在吃奶時，總是以前腿下跪的姿勢。跪在中國文化中表示尊重和感恩，因而人們便以此來解釋羊的行為，認為牠尊重母親。

過去河南南部地區有「送羊」的習俗，在每年農曆六七月間，外祖父或舅舅給小外甥送羊。早先是送活羊，後來演變為用麵蒸製的羊，有人說這種習俗的含義是透過「羊羔跪乳」的說法來教育孩子孝敬長輩。不過關於這個習俗也有另外一個解釋，故事的主角是《寶蓮燈》的主角沉香，據說沉香在救出母親之後，很生舅舅二郎神的氣，二郎神為了跟妹妹、外甥和好，每年送一對羊給外甥賠禮，從此人間也形成了送羊的習俗。

正因羊為「德畜」，所以古人用「羔羊之義」來稱讚清廉正直、品德高尚的官吏，並且君子上朝時要穿羊裘，也就是羔羊皮革製成的衣服，象徵他擁有羔羊一樣的美德。

第九節　抱葉玄猿嘯，銜花翡翠來——申猴性靈

猴，屬靈長類動物。靈長類是自然界中最高級的動物。地球上的靈長類動物不過三種：人、猿和猴。無尾的是猿，有尾的是猴，因為兩者關係非常密切，人們一般不嚴格

區分牠們，統稱「猿猴」。

猿猴的種類眾多，迄今為止，全世界已發現有六百多個品種。牠們屬於不同的進化等級，比較低等的有亞洲的懶猴、非洲的嬰猴等；中等進化的猴有亞洲的雜食猴子、非洲的各類捲尾猴等；高等猴類有各種長臂猿等。

不同種類的猿猴形態差異非常大，小的猴類只有十公分高，體重只有四十至一百四十克，如鼠狐猴；而大型猿猴，如大猩猩，雄性身高能達到一百八十公分，體重達三百五十公斤。

中國猿猴的種類占世界總種類的百分之十，從最原始的類型到最高級的類型都有，如懶猴、獼猴、葉猴、絲猴、長臂猿等。其中，產於四川、雲南、貴州等省的金絲猴是中國的特產動物，是和大熊貓齊名的國寶。

中國分布最廣的猴類是獼猴，中國人最熟悉的猴子也是牠，因為我們不僅能在動物園和馬戲團見到牠，而且在年畫、文學作品中也常能見到牠的身影，《西遊記》中的孫悟空形象就是以獼猴為原型。

猴雖是一種野生動物，但中國人對牠並不陌生。古人說：「猴，候也。」「候」的意思是伺望、觀察。猿猴生性聰明警覺，善於分辨獵手的誘餌，發現食物後並不輕易去取，而是觀望探察良久，感到確實沒有埋伏方才行動，所以古人乾脆就用「候」的諧音字「猴」來為之命名了。

猴的聰明，盡人皆知，那麼牠究竟聰明到何種程度？一九八八年十二月二十三日的報紙上有這樣一則消息：

中國安徽利辛縣胡集鄉有一隻猴被人們稱為「神猴」，牠可以分辨漢、俄、英三種語言，會算加減乘除，準確率達到百分之九十以上，並且牠能表演精彩的雜技節目，真令人難以置信。

民間故事中，也常有猴利用智慧戰勝對手的情節。猴雖聰明，卻終究不及人，成語「朝三暮四」就源自中國古代哲學家莊子講的一個有關猴子的故事：

一個養猴人給猴子發放食物前，跟猴子商量發放的辦法可否為「朝三而暮四」。意思是早晨發三顆橡子，晚上發四顆。猴子聽了表示反對，於是養猴人改口說：「那早晨四顆，晚上三顆，總可以了吧？」猴子們聽了非常滿意。

成語的原意是諷刺常常變卦的養猴人，但從中可見猴的智慧畢竟是有限的。

猴類憨態可掬，恰似人的童年時期。牠們雖然聰明，性情卻有些毛躁，所以有「猴子偷桃——毛手毛腳」、「猴子唱戲——想起一齣是一齣」、「猴子偷瓜——連滾帶爬」，以及「心猿意馬」等俗語、成語。

就連齊天大聖孫悟空這位戰天鬥地、伸張正義的英雄，也身為猴類，難捨猴性。牠性情急躁，自由散漫，不服管束，不過這些特點使得孫大聖更加平易近人，討人喜愛了。

猴的形態舉止頗似人類，加之牠們天性頑皮，喜歡模仿人的動作，在此基礎上加以規訓，牠們便可表演「猴戲」。

在漢代，有專門為宮廷貴族表演的「百戲」，其中就有猴子的表演。唐朝時也有幾位皇帝特別愛看猴戲，其中唐昭宗竟然因為喜愛一隻猴子的表演，將四五品官員的服飾賜給牠穿，如此浩蕩皇恩，讓當時的文人都很嫉妒。五代時有一個叫楊於廣的人，耍猴特別有名，他馴養的猴子不僅能模仿人的動作，而且能根據情節需要做出惶恐等表情。

宋朝起，猴戲開始走入民間，成為老百姓的娛樂對象。過去，在街頭巷尾常能見到民間藝人耍猴。他們一般二人結伴，一人牽羊或狗，一人背個小木箱，上面蹲坐著一隻穿紅布褂的猴子。他們邊走邊敲鑼招攬看客，找一塊街頭閒地，釘上一個大木橛子，便開始表演了。猴子能夠翻跟頭、拿大頂、戴鬼臉、穿衣服、爬竿、向人行禮等等。今天這種場景已經少見。

我們在嘲笑一個人害臊時，有時會說「看你臉紅得跟猴屁股似的」。按照科學原理解釋，猴屁股這個地方的皮膚叫做「性皮」，由於長期摩擦，毛髮減少，皮膚裸露，至發情期，由於血液循環加速，公猴的此處和面頰處都會呈現紅色，母猴看到後，也會發情。

而民間故事也以自己的方式解釋了這一現象的緣由，研究民間故事的專家將這類故事歸納為「猴娃娘」型。

老猴精將村裡的女子拐走為其生兒育女，後來女子的家人發現並將她救回家中。猴精到村裡來索要媳婦，不料村裡人早已設好圈套，將猴子常坐的石碾燒熱，猴子中計，一屁股坐在上面，屁股被燙得通紅並且掉了毛，此後就一直是這個樣子了。

還有一個故事說明猴與人一樣，也有著刻骨的親情，甚至有時比人類更甚。

南朝《世說新語》講，西元三四六年，晉將桓溫率軍上溯長江攻打蜀國，船進入三峽時，部將捉到一隻小猿放到船上，母猿看到後心急如焚，沿岸奔跑，奮不顧身，跟著船隊跑了一百多里，在巫峽時竭盡全力跳到船上氣絕身亡，剖開母猿，見其肝與腸已經因為哀痛而斷成一寸一寸，成語「肝腸寸斷」便是由此而來。

猴與人的相似，已無須證明，但是真讓人接受猴與人的親緣關係，還是有些難度。一百五十多年前，達爾文提出人的祖先是猿猴，引起當時社會一片譁然，這一觀點甚至被認為是異端邪說。但是，越來越多的古代猿人化石被發現後，在證據面前，猴為人祖已是人類的共識，而運用高科技的基因技術對人和各種動物的基因進行測序，結果也證明：猿猴是跟人類親緣關係最近的動物，而猿猴當中，又數黑猩猩的基因跟人最接近，只相差百分之二點四。

第十節　文武勇仁信——雞有五德

雞，屬於鳥綱雉科，其遠祖是古代原雞。古原雞的後代大體分為三支：一支經人類馴養，成為我們現在常見的家雞；一支經過遺傳變異，成為今天生活在山林中的雉，也就是野雞；一支則變化不大，稱現代原雞，中國雲南、廣西、海南仍有分布。

雞成為人類的夥伴，已經有上萬年的歷史。關於養雞的最早歷史紀錄是在西元前八千年的越南。中國也是世界上最早養雞的國家之一，河北武安縣磁山村一處距今八千年的新石器時代遺址中，曾出土許多雞骨，說明在那時候，我們的祖先已經懂得吃雞，至於那些雞是家禽還是野雞，尚且不能斷定。而距今四、五千年的山西底廟溝也曾出土雞骨，經學者鑑定，這時候的雞已是完全的家禽了。

雞對於人類的功德，當然首先在於牠肉美可食，還具有補虛損、益臟、健脾胃、強筋骨等功效。春秋戰國時期，出現了中國最早的養雞場「雞坡」。古時候還有座「雞山」，據說越王勾踐為了討伐吳國，曾在這個地方大規模養雞來為士兵提供食物。

雞在中國的飲食文化中占有重要地位。俗語說：「無雞不成宴」，倘若筵席上沒有雞，便是主人失了禮數。根據《左傳》記載，一個人官位至卿大夫時，伙食標準可以達到每天吃兩隻雞。在古代，普通老百姓自然沒有這等幸運，吃雞對他們來說只能是偶爾為之的事，但是倘若貴客臨門，便一定要殺雞款待，所以，大詩人孟浩然才專門在《過故人莊》中提到「故人具雞黍，邀我至田家」，以示朋友招待之隆重。

中國人深感雞的美味，對其進行精心飼養，很早的時候就培育出了不少優良品種。

宋代《埤雅·雞》中說：「雞有蜀、荊、越諸種，越雞小，蜀雞大，魯雞又其大者。」早在漢朝，已有地方雞品牌出現，比如符離雞。在徐州獅子山漢代楚王墓裡象徵廚房的耳室中，出土了很多雞骨，中間還有一方泥印，上有「符離丞印」字樣。

時至今日，肉食雞也常用出產地來命名，如上海浦東雞、江蘇狼山雞、遼寧大骨雞、山東壽光雞、浙江蕭山雞等，它們都是雞家族中的優良品種。

古人對於雞的了解，並未侷限於牠的美味。在與雞相處的過程中，人們也發現了牠的一些習性近似於君子美德，《韓詩外傳》將其歸納為五點：「頭戴冠者，文也；足搏距者，武也；敵在前敢鬥者，勇也；見食相呼者，仁也；守夜不失時者，信也。」

古人對冠非常重視，孔子的學生子路曾說「君子死而冠不免」，意思是說，即便面對死亡時，君子也不能不顧禮法，要保證自己的帽子戴得端正。冠象徵的是儀禮和身分，古時官帽，文為冠，武為盔。公雞天生頭戴紅色肉冠，給人以儀態大方的感覺，是為文德。

武德和勇德有接近之處。由於性激素的刺激作用，雄雞有爭強好鬥的個性，而牠又有天生的進攻武器：一是喙，在爭鬥過程中可以用於啄傷敵手；二是腿後有一個突出如腳趾的地方，被稱為距，在爭鬥過程中可以刺傷敵手。故而，雄雞往往被比作勇猛之士。

《詩經·風雨》中有「風雨如晦，雞鳴不已」的詩句，後來它被引申為形容在風雨飄搖、動亂黑暗的年代，有勇氣和正義感的君子還是堅持操守，為理想而鬥爭。

雄雞好鬥的性格早就被人發現並加以利用了。據說早在夏朝時，中國就有鬥雞活動，而至春秋戰國時期，已非常普及。

根據《戰國策·齊策》，當時臨淄七萬戶市民無不鬥雞。漢代石刻和畫像磚上也常見形象逼真的鬥雞圖。三國時期的魏明帝非常喜歡鬥雞，並築有鬥雞臺。而唐朝時的風流天子唐玄宗更是鬥雞的狂熱愛好者，他登基後在宮中專門建造了雞坊，飼養優良品種的雞千餘隻，選六軍小兒五百人馴養這些雞。

成語「呆若木雞」現在用來形容一個人痴傻的模樣，但在原故事中，呆頭呆腦、紋絲不動的「木雞」恰是鬥雞中最有戰鬥力的，令那些活蹦亂跳、驕態畢露的雞見之喪膽。

雞的第四德，是仁德。「仁」是中國古代文人學士最推崇的一種品德，也是儒家治國平天下的最高準則。那麼怎樣做才算「仁」？孔子曰：「仁者，愛人」，也就是關愛他人。雞有一種習性，在見到食物後不會自己獨吞，而是呼喚同伴來一同啄食，這被古人視為「仁」的表現。

雞的第五德，是信德。雄雞一年三百六十五天，天天早晨啼鳴報曉，從不懈怠。這滿足了沒有鐘錶的古代人掌握時間的需求。由此，雄雞又得到不少別稱，如司晨、燭夜、知時畜、常鳴都尉等。

古時雞啼與人們生活的關係反映在很多文學作品中，唐朝書法家顏真卿曾作一首〈勸學〉，其中寫道：「三更燈火五更雞，正是男兒讀書時。」《詩經》中的齊國民歌〈雞鳴〉，表現了雞叫時分的國君夫妻對話：「雞既鳴矣，朝既盈矣。」「匪雞則鳴，蒼蠅之聲。」國君的妻子說：「雞已經叫了，上朝的人都來齊了。」國君卻想賴床不起，便說：「那不是雞叫，是蒼蠅嗡嗡的叫聲。」

古代還有祖逖「聞雞起舞」，立志報效祖國的故事，而戰國時齊國孟嘗君能順利逃出函谷關，也是靠其門客學雞啼叫，才騙開城門的。

雄雞報曉，其實有其科學原理的。雞的大腦裡有個「松果體」，它能分泌一種褪黑素。每當進入黑夜，松果體開始分泌褪黑素，而當光線射入眼睛，褪黑素的分泌便被抑制。褪黑素能抑制性激素的分泌，也直接控制鳥類的歌唱。晨光乍現，褪黑素的分泌受到抑制，雄雞便開始不由自主地「司晨」了。

「雄雞一聲天下白」，這個任務母雞是不能代勞的。古人認為「牝雞司晨」，就是說母雞早晨打鳴是不祥的徵兆。中國唯一的女皇帝武則天即位時，便有守舊派大臣以「牝雞司晨」做比喻來加以反對，認為天下必將大亂。其實，牝雞司晨不過是母雞雄性激素分泌過多導致的一種稍有異常的自然現象。

第十一節　公卿如犬羊，忠讜醢與菹——愛犬之誡

狗屬於哺乳綱食肉目犬科，牠由狼馴化而來，是最早與人類建立友誼的動物。

一九七四年，考古學家在伊拉克的帕勒高拉洞穴遺址中，發現了西元前一萬年的家養狗的骨骼。中國人養狗也有近萬年的歷史了。在新石器時代早期的河北武安磁山、河南新鄭裴李崗等文化遺址中都曾出土大量狗的遺骸。

中國人又將狗稱為犬，《禮記．曲禮》云：「通而言之，狗犬通名，若分而言之，則大者為犬，小者為狗」，也就是說，個頭大的是犬，小的是狗，不需細分的話，狗犬也能通用。

古今中外，有許多名犬種類。先秦時候，人們便以名犬為寵物相互饋贈，有時還作為貢品。《尚書．旅獒》載，「唯克商，遂通道九夷八蠻，西族氏貢獒。」《爾雅．釋畜》說：「狗四尺曰獒。」獒是西方民族的大型犬類，藏獒就是牠的後裔。

先秦時期北方民族的犴也是名品，《埤雅》云其「胡犬也，似狐而小，黑喙善守」。《史記．趙世家》把牠與代馬、崑山之玉並列為趙國的三寶，足見犴的名貴。

明清之際，從宮廷到民間都以玩犬為樂。據《清稗類鈔》介紹，世界最名貴的狗，首推京師所產，有六種：「一曰京師狗，二曰哈巴狗，三曰周周狗，四曰小種狗，五曰預毛狗，六曰小獅狗，尤以京師狗、哈巴狗、小師狗為上。」

狗有許多突出的優點。牠很聰明，智力相當於兩三歲的兒童。牠的聽覺和嗅覺都很敏銳——人的耳朵只能聽到三萬赫茲以下的聲音，而狗卻可以聽到十萬赫茲以上的聲音；人的嗅覺細胞一般只有五百萬個，而狗竟有兩億多個，可以分辨大約兩萬種不同的氣味。

人類對狗的上述特點善加利用，狗便成了人類最可靠的幫手。李時珍在《本草綱目》中說：「狗類甚多，其用有三：田犬長喙，善獵；吠犬短喙，善守；食犬體肥，供饌。」他將狗的用途大致歸納為三類：第一類是嘴部較長的獵狗；第二類是看家護院的善吠的狗；第三種是體肥的用於食用的狗。

狗最讓人動容的，莫過於牠對主人的忠心耿耿。狗為了幫助主人，會想盡辦法克服困難，甚至不惜犧牲自己的生命。晉時有「黃耳傳書」的故事。

晉初詩人陸機居住在洛陽時，曾與家中斷了書信。他很擔心家人安康，有一天便對自己養的名叫黃耳的狗開玩笑說：你能幫我傳遞書信嗎？沒想到黃耳搖著尾巴發出聲音，似乎表示答應，陸機便嘗試著把書信放在黃耳身上並送牠出門。沒想到黃耳歷盡艱辛，真的將他的信帶回了家，後來又把家人的回信捎給了陸機，自此留下典故。

滿族也有「義犬救主」的傳說。

老罕王努爾哈赤被明兵追趕，明兵想放火燒死他，他身邊的狗在水坑裡渾身蘸滿水，打溼周圍的荒草，免去烈火燒身，救了老罕王。據說滿族人不食狗肉的習俗就與這一傳說有關。

傳說只是傳說而已，下面這則故事卻確有其事。

在甲午中日戰爭中，清朝愛國將領鄧世昌帶領「致遠號」軍艦上的官兵英勇抗擊日寇。因寡不敵眾，「致遠號」軍艦最終被擊沉，鄧世昌跳入海中打算自殺殉國，而他的狗卻拽住他的衣領不放，想救主人上岸。但鄧世昌心意已決，不斷擺脫狗的救助，狗見主人如此堅定，就陪同主人一起沉入海底了。

狗對人的忠誠，有時也會受到微詞，這是因為狗一味地相信和依賴主人，在幫助主人執行任務時，也不會辨別是非。於是「狗仗人勢」、「狼心狗肺」、「狗眼看人低」等貶義詞也紛紛衝狗而來，魯迅也用「喪家的資本家的乏走狗」來形容那類沒有民族骨氣的無恥之人。

其實說起來，這些與狗有何相干，牠只不過是一種依靠天性生存、單純至極的動物。但是，中國人將奴性投射到了狗的身上，於是，狗也成了大家言語中最不受待見的一種動物。人類指桑罵槐，狗也的確有幾分冤枉和無辜。

第十二節 喜比為白麟，唯憂不豐溢——嬌憨如豬

豬，是雜食類哺乳動物，牠身體肥壯，四肢短小，鼻子口吻較長，有一對蒲扇似的大耳朵。

人類養豬的歷史，亦可追溯到上萬年前。一九九一年，美國考古學家Z．羅森伯格率領一支考古隊在土耳其東南部的一個高地村莊哈蘭．塞米，發現了大量距今一萬到一萬零四百年的豬骨骼，牠們的臼齒明顯縮小，說明已完成了野豬向家豬的轉化。

中國人養豬也起步較早。在廣西桂林甑皮岩墓葬中，曾出土距今九千餘年的家豬豬牙和頷骨。浙江餘姚河姆渡新石器文化遺址出土的距今約六七千年的陶豬，豬的腹部明顯下垂，前軀和後軀比例幾乎相等，作奔走狀，造型生動，其體質特徵與現代家豬非常接近，屬於已經馴化了的早期家豬。

長期的養豬史，孕育了中國豐富的豬文化。早在甲骨文中，已有「豬」的出現，那時牠被稱為「豕」。甲骨文中的「豕」是一個象形字：長嘴短腳，肚腹肥圓，尾巴下垂，橫過來觀賞，正是一幅唯妙唯肖的豬形象。

由於觀察細緻、了解深入，古人根據性別、年齡乃至顏色的不同給豬分類並且命名：豝（ㄅㄚ）是母豬，豭（ㄐㄧㄚ）是公豬，豯（ㄒㄧ）是三個月大的豬，豵（ㄗㄨㄥ）是一歲大的豬，豥（ㄏㄞ）是四蹄都為白色的豬。

中國雖不是最早飼養豬的國家，但是中國人為世界養豬業做出了突出貢獻。早在兩千多年前的兩漢時期，中國已培育出外形肥壯、肉質佳美、繁殖力強的優良豬種，後來牠被引入歐洲，用來改良當地豬種，並育成羅馬豬。清朝時，中國豬被引入英美，育成了大約克夏豬和巴克夏豬等世界聞名的豬種。

英國生物學家達爾文曾稱讚道：「中國豬在改進歐洲品種中，具有高度的價值。」在長期與豬打交道的過程中，中國人還累積了豐富的養豬經驗，歷代留傳下來的有關養豬的文獻典籍浩如煙海，《泛勝之書》、《齊民要術》、《農桑輯要》、《便民圖纂》、《豳風廣義》、《馬前農言》、《三農紀》、《農桑經》等書籍中都有關於養豬的內容。時至今日，中國的養豬業在世界上也占有舉足輕重的地位。二十世紀末，中國已成為世界第一養豬大國。另外，全世界共有家豬品種三百個，中國的豬種就有近百個，占世界品種總數的三分之一，是豬種資源最豐富的國家。

中國古人最為看重的「六畜」，豬位列其中，原因非常明顯：牠是人們主要的肉食來源之一。豬肉味道鮮美，古時候，我們的祖先發明了不少以牠為原料的美味菜餚。先秦時代有一種「炮豚」，即為烤豬，牠是古代八種珍食之一，只供周天子及其近臣享用。《論語》中有則故事，講孔子為感謝旁人送了一隻蒸熟的小豬而親自登門拜謝，說明在當時，蒸熟的小豬既是難得的佳餚，又是貴重的禮物。

有一道菜餚據說是古人發明，而今人仍有緣享用，那就是馳名中外的「東坡肉」。傳說它是蘇東坡被貶官黃州時發明的，著名的打油詩〈豬肉頌〉，讚美的就是它：「黃州好豬肉，價錢等糞土。富者不肯吃，貧者不解煮。慢著火，少著水，火候足時它自美。每日起來打一碗，飽得自家君莫管。」

豬肉作為人們餐桌上高比重的肉類之一，已達數千年之久，除了味美，還有另外一個重要原因：豬天生擁有好胃口，對食物要求不高，且吃飽就睡，極易長肉。按照現代科學測算，牛能把百分之六點五的食物轉化為肉，羊的相應轉化率有百分之十三，而豬的轉化率高達百分之十三十五。可見，養豬是一件省時省力，且低投入高產出的事情。

豬滿足了人們的口腹之欲，可是人們在言談間卻對牠缺乏尊重，「笨」、「髒」、「饞」

是人們提及豬時常用的形容詞。然而科學研究發現，上述認知均屬人對豬的主觀印象，豬其實是一種聰明、愛乾淨、有節制的動物。

動物學家研究表明，豬並不蠢，牠的智商僅次於靈長目和海豚，遠遠高於牛和羊，牠的感覺也很敏銳。人們一般認為狗是一種聰明的動物，然而狗在某些方面的學習能力卻遠不及豬。科學家對豬進行過一連串測試，包括跳舞、挑水、拉車、開門等，發現豬隻要看一次人的示範動作就能學會，狗要近十次重複才會。豬的嗅覺很靈敏，小豬在出生幾小時後就能辨別氣味，母豬能用嗅覺辨別自己生下的小豬，並排斥其他小豬仔。

豬還是一種愛清潔的動物，這是令許多人萬萬想不到的，平常我們所見的豬，總是一副髒兮兮的模樣。其實豬的天生習性是在遠離吃、睡的地方排泄，這是從牠的祖先那裡遺傳下來的習慣，因為野生情況下的豬在窩邊排泄，容易被敵獸發現。只不過，現實生活中人們給予豬的條件有限，豬圈不僅擁擠不堪，甚至還被當作茅廁，又哪裡會有專門供豬排泄的地方呢？

另外，豬喜歡在泥裡打滾，不是因為牠們愛髒，而是因為怕熱。豬身上汗腺很少，天氣熱的時候，牠們也想來一個冷水浴，但是找不到乾淨的水，只好滾在泥水裡圖個涼快了。

豬是雜食性動物，食量大，所以人們常用「好吃」來形容牠。其實，豬吃食是有選擇性的，凡是不愛吃的東西，絕不肯勉強吃下肚。另外，牠也懂得少量多餐，細嚼慢嚥，所以豬極少因暴食而致病或死亡，因此可以說，豬是一種有節制的動物。

由上可見，豬顯然遭受了人類的誤解，但牠從不辯解，還是那副憨憨的模樣。不過歪打正著，隨著新新人類的成長，受他們觀念影響，人們開始選擇從另一個角度看問題，便漸漸看到了豬的好處。

人們發現，豬沒有心眼，從不憂愁，善於享受生活，從無減肥之苦，這都是聰明的人苦心經營也無法得來的幸福，其實也是最為智慧的生活態度。於是，越來越多的人開始欣賞豬的「大智若愚」了。

如今，新的豬文化現象不斷出現，很多人親暱地稱戀人或朋友為「小豬豬」，有關豬的動畫片、小飾品也正在年輕人中流行，有的人甚至把豬當成了寵物。

第三章　十二生肖的文化神格與民間風俗

十二生肖不只作為普通的生靈融入中國人的生活，透過人的想像，由其自然習性引申開來，又被賦予了諸多的文化意義，從動物上升到神格，接受中國人的尊崇和膜拜。只有自然生靈與文化神格相結合，才構成了中國人心目中完整的生肖動物印象。

第一節　鼠咬天開

中國古代流傳著「鼠咬天開」的傳說。那還是在遠古時期，天地混沌一片，宇宙沒有形成，鼠在夜半子時出來活動，將這混沌咬破，使得天地分開，宇宙就成形了。有人說，正因老鼠對創世有如此之大的功勞，牠才被排在了十二生肖的首位。

類似的故事，在中國許多民族的神話中都有講述，只不過天地未開時的混沌狀態，常常會以葫蘆、金鼓等象徵方式表現出來。比如下面這則拉祜族神話故事——

混沌未開時代，創世神厄莎種植了一個葫蘆，葫蘆老了，滾到山下海水裡，螃蟹從海中把葫蘆拖上岸來。老鼠咬了三天三夜，終於把葫蘆咬出了一個洞，一男一女從葫蘆裡走出來，這就是拉祜族的始祖扎迪和娜迪，而老鼠也因此贏得了吃人糧食的特權。

「鼠咬天開」的傳說，充分反映了祖先對鼠的敬重。

◆財神鼠爺

老鼠偷吃糧食，糟蹋東西，家中招了老鼠，豈不是壞事一樁？事實並非完全如此。俗話說「倉鼠有餘糧」（倉鼠即田鼠），從前很貧窮的時候，老百姓認為誰家有老鼠，就意味著這戶人家生活富足。的確，如果家無隔宿之糧，老鼠哪肯駕到。所以，鼠還成了受歡迎的「財神爺」，民間以家中鼠多為一種吉祥富裕的象徵。

清代道光年間的進士方濬頤的《夢園叢說》中記載了廣東東部的一種「錢鼠」：牠嘴巴尖尖的，尾巴長長的，叫聲好像數錢一般，所以得名。其實，不只是錢鼠，一般的老鼠也能發出數錢的聲音，俗稱「老鼠數錢」。無獨有偶，湖北等地的百姓也以聽到這種聲音為吉祥之兆。

不過，並非每個地方的人都持一樣的看法，比如浙江一帶有「鼠鳴如數錢聲，若在前半夜主得財，若在後半夜主散財」的說法，而上海崇明一帶的婦女則認為聽到此聲便預示著家中將出禍事。

古時候，中國民間還廣泛存在以狐狸、蛇、刺猬、鼠和黃鼠狼為「五顯財神」的觀念。依據這種俗信，舊時天津一帶還形成了以求財為目的的年節活動「鼠猬馱寶」——元宵節期間，人們除向神佛供奉花糕、饅頭外，還有麵蒸的老鼠和刺猬，它們背上都馱著元寶。據說上供鼠、猬形狀的麵點還有講究：正月十四或十五那天，上供時，鼠、猬的前臉朝外，等到燒香參拜以後，要把鼠、猬的臉朝裡，表示鼠、猬已把財寶馱回家來了。

◆多子多福

鼠的繁殖能力極強，據《本草綱目》記載，鼠孕一月而生，而且一胎多子，多者竟然達近二十隻。這種又快又多的生育水準，實在令渴望多子多孫的人家嚮往。所以，鼠還被民間視為多子多孫的象徵，藝術作品也常以鼠形象隱喻多子多福。

北京故宮博物院珍藏有一部《十二生肖圖冊》，是清末著名畫家任預的作品。其中的〈子鼠圖〉畫了五隻小鼠，正搶食罐中撒出的瓜籽。在十二生肖中，鼠屬子，而瓜籽之「籽」與「子」音同，畫中兩物，都表達了多子的意味。

「老鼠與葫蘆」、「老鼠與葡萄」、「老鼠與石榴」等都是民間常見的吉祥圖案，也是民間剪紙和年畫普遍表現的題材。因為鼠具有驚人的繁殖力，而葫蘆、葡萄、石榴屬多籽植物，諧音「多子」，所以人們便把老鼠與這些植物組合在一起，強化了繁衍後代的願望。

一些有趣的民間吉祥圖畫，也表現了同樣的主題——「老鼠偷南瓜」，表示瓜瓞綿綿；「老鼠偷白菜」，因為鼠喻「子」，白菜的「白」諧音「百」，比喻「百子」；「老鼠揭蓋碗」，也隱喻生殖崇拜的觀念。

◆以鼠占卜

因為老鼠居地穴之中，經常夜間活動，民間就出現了這樣的說法：鼠能與鬼神相交通，可預知人事吉凶禍福。據《漢書》記載，老鼠夾尾而舞，以尾畫地，是在向人們預告不祥的事情。

江蘇崇明地區對鼠有三種忌諱——

一為老鼠出外尋食時失足跌落在地上。見到這種情況為不吉，不是生疾病，便有其他禍災，必設法禳解。所以，看見這種情況的人必須親自去往鄉間，沿戶乞討白米，謂之「百家米」，回家用這些米煮飯，食之便可袪除災難。

二為老鼠數錢。前已提及，當地的婦女認為，聽到了此聲，家中將出禍事，因此日夜擔憂，恐大禍降臨，必俟數日後，不見災禍，才能放心。

三為老鼠咬東西。鼠咬壞東西本來是牠的天性，當地婦女卻覺得是自己說老鼠的壞話，被鼠聽到了，所以老鼠咬壞她家的東西，以懲罰這家人。崇明人相信鼠能掐會算，善知吉凶，所以不敢得罪，有時甚至要稱呼「老鼠伯伯」或「黃仙」，以討好老鼠。

現代民俗學家江紹原先生在《髮鬚爪》一書中提到：「江蘇、浙江、安徽、江西、直隸諸省，都有些地方相傳頭髮如被鼠咬，本人不久必有疾病或旁的災難。」而近代民俗學者胡樸安在著名的《中華全國風俗志》的「浙江卷」中則記述：「家多鼠，主吉。鼠嚙人之髮，主有喜事。」

老鼠咬人頭髮的現象，在不同地方被認為是不同的徵兆，可見鼠能占卜，不過是人們希望能夠預知自己的命運，才寄託在鼠身上的觀念，並不可信。然而，這不等於說，所有關於鼠的崇拜習俗都沒有道理。

◆礦井鼠仙

在採礦行業中，有不少關於鼠的禁忌習俗。

東北煤礦工人尊鼠為「鼠仙」，不僅忌諱在礦井中捕捉老鼠，而且在井下吃飯時，也總要分一點飯菜餵老鼠。山西陽泉一帶的煤礦工人把生活於礦井中的一種白毛老鼠當作神靈來崇拜，在礦井中碰見牠需繞道而行，不得傷害。

雲南一個舊礦區裡還有座耗子廟，傳說有一次，一個礦工遭遇礦進塌方，一隻老鼠先把他引到糧庫，讓他有吃的，然後引他從地下逃出。為紀念老鼠救人的功德，人們蓋了這座廟。傳說雖不一定確有其事，但老鼠由於感覺靈敏而有恩於礦工，卻是事實。

採礦是一種危險的工作，因為礦井下時常會發生大冒頂（冒頂事故指礦井開採過程中上部礦岩層塌落現象，是煤礦主要事故之一）推倒掌子面（掌子面又稱礤子面，是坑道施工中的一個術語。即開挖坑道（採煤、採礦或隧道工程中）不斷向前推進的工作面）的不幸事故，這種人類不易發現的週期壓力冒頂，老鼠特別敏感，所以礦工忌諱老鼠搬家看似一種迷信，其實也不盡然，鼠群集體遷徙，完全可能是事故的預兆。

採礦時還會發生瓦斯、沼氣和煤氣等有毒氣體中毒事件，老鼠和礦工一同生活在井下，也受到毒氣的威脅，但鼠類對這三種氣體極為敏感，只有在沒有毒氣的地方，這種小精靈才出現，所以礦工見了老鼠就有一種安全感。

一代代井下的礦工，正是因為與鼠相處，才發現了牠的生活規律與礦業安全的神祕關係，不過起初他們並不了解其中的科學道理，所以才將之作為崇拜或者禁忌習俗傳承給了後人。

◆老鼠嫁女

「初一場，初二場，初三老鼠娶新娘」，這是一首流傳於中國很多地方的新年民謠。「初三老鼠娶新娘」是個很有趣的民間傳說，過去老人們說，大年初三晚上是老鼠娶親的日子，家家都要早上床，早睡覺，還要在屋角撒鹽和米送給牠們，這種習俗叫「老鼠分錢」。

過去北京也有「十七、十八耗子成家」的說法，在正月十七、十八晚上，大人們會讓小孩早睡，還要小孩把鞋子收好，免得鞋被耗子拉去做花轎。

「老鼠嫁女」的題材，在民間藝術中應用非常廣泛。民間剪紙常用老鼠嫁女圖案來烘托過年時的熱鬧氣氛，而「老鼠娶新娘」也是地方年畫的一個傳統題材。

年畫中，由老鼠組成的迎娶隊伍一行行排列著，花轎、鼓吹、執事無一不備，精心打扮的新娘端坐在花轎中。年畫採用擬人手法把老鼠迎娶的熱鬧場景具體地呈現了出來，只是在畫面一角往往有一隻大狸貓，做出向前猛撲的姿態，只嚇得前面的幾個鼠樂隊成員紛紛逃竄，使整個畫面看起來非常有趣。過去人們過年時常會買一幅貼在牆上，用來哄小孩。

為什麼會出現貓攪亂老鼠娶親好事的情景呢？這是因為老鼠娶親畢竟是一種「反常」的行為，偏離了常態，貓的出現恰恰是要恢復生活的常態。在有鼠群出現的地方，人們自然會想到貓，所以說，「老鼠嫁女」從根本上講是一種驅鼠活動。

第二節　丑牛闢地

「鼠咬天開」的傳說，其實還有下文——混沌的天地被分開之後，是擅長耕種的牛開闢了大地。由此可見，跟老鼠一樣，牛亦是中國人心目中的創世英雄。

中國少數民族也有「神牛創世」的神話。如塔吉克人認為，世界是由一頭神牛頂著，人類如果做了壞事，神牛就會抖動牛毛或犄角發出警告，於是就會發生地震之災。維吾爾族的傳說是，大地被一頭公牛的一隻角支撐著，公牛由一隻浮在水面上的特大烏龜馱著，牛感到勞累時，就把大地從一隻角換到另一隻角上，這時就會發生地震。柯爾克孜族也有類似的傳說，因此他們常常為牛祈禱，願牠永遠強壯，少發地震。

◆神牛圖騰

作為人類生產生活的重要幫手，牛自然而然地使人類萌生了對牠的崇拜。根據《山海經》的記載，中華民族的始祖之一炎帝為牛首人身，後來學者研究發現，炎帝實際上是原始社會中姜氏部落的首領，這個部落以牛為圖騰，所以炎帝被塑造成了這般形象。

在中國，將牛作為圖騰崇拜的少數民族還有不少。根據史料記載，藏族的一部分族源為「古犛牛羌族」；蒙古族也流傳著其先祖在貝加爾湖漫遊時，與天子芒牛交配傳衍世代的神話傳說。

如今，無論是藏區保存完整的有關犛牛題材的原始岩畫，還是殷商時期雕刻在青銅器皿上的牛頭紋飾，都可以追溯到遠古時代華夏兒女以牛為祖先的圖騰崇拜。

◆牛王護神

早在秦代，中國就有祭祀牛神的風俗。在神話傳說中，牛神原本是南山的一棵大樟樹，被人盜伐，樹斷了之後，變成牛潛入水中，所以秦朝立祠來專門供奉牛神。漢代畫像石中的牛王神，還為牛首人身。不過後來，牛王逐漸變為人形。清梁紹王《兩般秋雨庵隨筆》記載：「北方牛王廟，畫百牛於壁，牛王居其中，則冉伯牛也。」這是說，清朝時候，民間認為的牛王已經變為歷史上的一個著名人物——孔子的學生冉伯牛。此外，也有一些地方以漢代的龔遂為牛王大帝。

中國歷史上許多地方都有牛王廟，如始建於清代康熙七年的成都牛王廟，距今已有三百多年歷史。

相傳當年成都平原牛瘟肆虐，人們談牛色變。四川巡撫張德地為了安撫民心，穩定社會，便在毗鄰的牛市之外修建了牛王廟，並鑄鐵牛一隻，供奉於廟內。從此，這裡香火不斷，祭祀不絕。後來，周圍的街市也乾脆被命名為「牛王廟街」。

如今，牛王廟已經頹圮，但見證了牛王廟興衰的牛王廟街還在。

酬牛傳統

鑑於牛的勞苦功高，中國許多民族和地區的民眾都有敬牛酬牛的傳統。

普米族有一首民歌唱道：「家中火塘最親，打山獵狗最親，放牧頭羊最親，發家靠牛積銀聚金……」可見牛在普米族心中的地位。傳說人間的五穀就是牛冒著殺頭之罪從天宮為人類偷盜來的，所以，普米人對牛倍加愛護。每年農曆三月初三，各家各戶趕出所飼養的牛，在河邊為牠們洗澡，用鮮花野草為牠們裝扮，夜晚孩子們點起篝火通宵歌舞，歌頌牛的功勞。每年秋糧收打結束之後，普米人還要請牛先嚐新糧，以此報答耕牛的辛勤勞動。

「仡家一條牛，性命在裡頭。」從這條諺語可見仡佬族對牛的敬重。每年農曆十月一日，仡佬族要敬「牛菩薩」，他們稱這一天為「牛王節」。過牛王節時，仡佬族村民要給牛做壽：所有耕牛都停止使役，人們把牛廄打掃乾淨，墊上厚厚的軟草，用溫水給牛洗澡，用最好的飼料餵牛，並在牛角上掛兩個糯米做的糍粑，再把牛牽到水邊，讓牛在水中看到自己的倒影，然後取下牛角上的糍粑餵牛。

此外，苗族人每逢過年的早上，要把酒淋在牛鼻上，表示與牛共度佳節。土家族每年農曆四月十八為牛王過生日，並以此作為祭祀牛王的節日。而布依族的牛王節則在農曆四月初八，這一天各寨舉行隆重的祭典，家家用米酒、五色糯飯敬牛王，餵耕牛。客家人也有著自己獨特的敬牛傳統。新買的牛犢入欄時，角纏紅布誌喜。母牛產仔，人們抱牛崽向四方跪拜，祝願小牛吃四方青草長大，稱「牛子拜四方」。當耕牛老死後，有的農戶還為其掛紅送終。

◆鞭打春牛

辛勤勞動的牛理應得到人們的尊重和呵護，為什麼卻又出現了「鞭打春牛」呢？

原來，這是古時候流行的一種歲時習俗，而挨打的也不是真正的牛，而是土或者紙做的牛。

鞭春牛又稱「鞭春」或「打春」，它與《周禮．月令》中提到的「出土牛以送寒氣」的周代習俗有關，後來，這一活動固定為立春之日。

古代有不少吟詠這一風俗的詩篇，如元稹〈生春詩〉之七：「鞭牛縣門外，爭土蓋蠶叢。」又如白居易的詩：「布澤木龍催，迎春土牛助。」

「鞭春牛」意在勸民農耕，在儀式過程中，由人裝扮的「句芒神」鞭打土牛，由地方官員行香主禮，宣告新的一年勞作開始，並祈求豐收。春牛被打爛後，大家爭搶碎土，據說「土牛之肉宜蠶，兼辟瘟疫」。皇宮裡也會舉行鞭春儀式，由皇帝主禮。關於這一風俗的起源，還有一個故事。

傳說句芒率領大家翻土耕田，準備播種。可是，犁田的牛都還在「冬眠」。句芒大概是捨不得懲罰牛，便用泥土製成土牛，揮鞭猛力抽打。鞭響聲驚醒了牛群，牠們看見躺在地上睡覺的其他牛隻正在挨鞭抽，嚇得趕緊爬起來，下田幹活去了。

此後，鞭打土牛逐漸成為古代春季習俗中的一項活動。句芒則被尊奉為專管督促農耕的神。春牛一開始都是泥塑的，後來出現了紙牛。紙糊的牛禁不起打，鞭子一抽下去，立即皮開肉綻，牛肚子裡事先裝入的五穀便散落一地，這象徵著「五穀豐登，穀流滿地」。

隨著時代的發展，鞭春牛的習俗變得越來越豐富，並具科學教化的作用。清朝的時候，朝廷每年下發由掌管天文氣象的官員製作的〈春牛芒神圖〉給地方。在圖中，春牛各部位的顏色都是根據當年干支和立春日的干支與五行陰陽的關係來設計的，芒神的年紀、服飾、姿態也是如此，朝廷要求地方的春牛與芒神都依據此圖製作。所以，對封建社會的農民來說，「鞭春牛」便有曆書的作用。

鞭春牛的習俗後來成為民間年畫的常見題材，山東濰坊年畫中有一幅〈春牛圖〉，上部繪有芒神和春牛，下為兩人在吃春餅。空白處還有題字：「我是上方一春牛，差我下方遍地游，不食人間草和料，專吃散災小鬼頭。」可見，春牛還擁有除祟的神力。

◆剽牛祭祀

牛，既是人們心中的神靈，也是祭神用的祭品。《左傳》曰：「國之大事，在祀與戎。」可見在古代，祭祀是一等一的大事，而祭祀用的祭品，作為溝通人神的媒介，也非常重要。

早在原始社會，人類就有以牛隨葬的現象。到了重禮的周代，祭祀被分為太牢、少牢和特牲三個等級，以太牢為最高，是帝王、諸侯致祭宗廟時用的。太牢又被稱為「牛犧」，它要求牛、羊、豬三牲齊全，以牛為最重。

用牛做祭品祭神祭祖，這一風俗在中華民族沿襲了數千年，直到今天，仍存在於一些少數民族地區。如佤族人每逢重大節日，都要剽牛，砍下牛頭祭祀他們的大神龍魔爺。

第三節　虎嘯生風

◆虎圖騰

在中國，東北、華南兩地山林產虎較多，那裡的人們在與虎長期接觸的過程中，形成了虎圖騰崇拜。

東北的長白山被譽為「神山」，史書記載，漢代以來，這裡的山民就已「祠虎以為神」。遼寧和吉林各地都忌諱說「虎」字，在講到老虎時一般用「山神爺」來稱呼。

生活在東北的少數民族，如赫哲族、達斡爾族、鄂倫春族、朝鮮族等，對虎的崇拜更是虔誠。其中，又以赫哲人的虎圖騰保留最為完整。赫哲族的一個氏族——阿克騰卡氏到現在還流傳著虎圖騰傳說，傳說中阿克騰卡是虎和一個赫哲族女子成婚後所生。赫哲人不怕虎，也不傷害虎，甚至不獵取虎愛吃的食物，獵人在山中看到老虎後都要磕頭迴避。萬一有外族人在不知情的情況下傷害了老虎，就會受到懲罰，並需贖罪。

中國西南許多少數民族也信仰虎圖騰，據說這些民族與遠古時代以虎為圖騰的伏羲氏率領的部落有著親緣關係。現在的西南少數民族中，彝族、納西族、傈僳族以黑虎為圖騰，土家族、白族崇拜白虎，其中，彝族人對虎的崇拜特別突出。雲南烏蒙地區流傳的彝族史詩《梅葛》說，虎不但是人的祖先，人死後也會化為虎。虎還是創世神，其創世故事類似於漢族民間傳說的盤古：

虎頭作天頭，虎尾作地尾，左眼作太陽，右眼作月亮。虎鬚作陽光，虎牙作星星。虎油作雲彩，虎氣作霧氣。虎心作天心地膽，虎肚作大海，虎血化海水……

在雲南哀牢山地區，彝族男人自稱「羅頗」，意思是公虎；女人自稱「羅摩」，意思是母虎；男女統稱「羅之」或「羅羅」。過去彝族首領和巫師都身披虎皮。從古到今，涼山和哀牢山的彝族都實行火葬，他們認為不火葬，就難以還原成虎。此外，彝族的十二獸曆法也以虎打頭。

◆虎神靈

漢族的民間信仰和傳說故事中，有著眾多的虎神靈，其中以白虎神和西王母二位最出名。

古代天文學認為天上有「二十八星宿」，東西南北四方各有七顆，各方向的星群組成的圖案分別類似一種動物：東方形似龍，西方形似虎，而南方和北方的星群各形成了類似鳥和龜蛇相抱的形象。後來，這「四象」與五行配五色學說相糅合，形成了「東青龍，西白虎，南朱雀，北玄武」的說法。再往後，道教將這「四象」納為守護神，白虎也就成了「白虎神」。

春秋戰國時期的書籍《山海經》中記載了這樣一尊女神：她居住在玉山，也就是今天的崑崙山西北。她的長相很可怕，據說是「人面虎身」，「豹尾虎齒而善嘯，蓬髮戴勝」。她的職務是刑神，掌管人的疾病和生死大權，她就是在很多神話故事中都能見到的西王母。

中國古代神話中的虎神還有水神天吳、刑神蓐收等。此外，作為一種有神性的動物，虎還成了一些神靈的坐騎，如財神趙公明元帥就騎了一隻黑虎。

◆闢邪神獸

在中國人的心目中，虎是一種闢邪迎瑞的神獸。箇中原因，當代學者姚立江如此解釋道：這既是對其威猛勇武的動物習性的誇張引申，同時也有著氏族圖騰的觀念。

「畫虎於門」，是應用虎的闢邪作用的典型習俗，它是指將虎畫到門上，以虎為門神來鎮宅。這種習俗在漢代就已非常盛行，而它最早出現的時間可以追溯到周代甚至更早。中國最早的門神是神荼和鬱壘兩兄弟，自從虎進入門神行列後，兩兄弟與虎既可以各自獨當一面，也常做搭檔。當它們合作之時，神荼、鬱壘負責抓惡鬼，而虎負責把惡鬼吃掉。直到唐代，把虎作為門神的習俗還很盛行，那時人們常在虎頭上寫一個「聻」

（ㄓㄧˊ）字，迷信的人稱鬼死為聻，人們將它寫在虎頭上，認為可以增加虎驅鬼的神力。南方崇拜虎的少數民族中也有把虎當門神的習俗，如雲南麗江納西族的門神就是「雷霆白虎之神」。

「畫虎於門」的闢邪習俗在後世仍有存留。過去，華北地區的人家流行在正廳懸掛年畫〈鎮宅神虎圖〉，今天民間也喜歡製作以虎為題材的年畫，這些都是虎門神的演變形式。

古時候，人們認為端午節是五種毒蟲——蛇、蜈蚣、蠍子、蜥蜴、癩蛤蟆——最為活躍的日子，在這一天人們會開展種種除毒驅邪的活動以求平安。據說虎能辟五毒，所以一些地方有了這樣的習俗，在端午節用艾草紮成虎形，再把「艾虎」插在門楣上或者佩戴在身上。

◆人與虎伴

虎有著豐富而美好的象徵意義，所以在人生的重要儀式上，總少不了它的身影。

在人們的心目中，虎是孩子們的保護神，能夠保佑他們虎虎有生氣，所以兒童的出生禮和成長過程中，虎的形象總會伴隨左右。

與虎有關的育兒習俗在東北各省，以及河南、河北、山東、山西、陝西等地廣泛地存在著。新生兒出生後要用虎骨水洗身，據說這樣可以使嬰兒從小到老都不生病。很多家庭會給孩子戴虎頭帽，穿虎頭鞋，把孩子打扮得像個小虎娃。

在陝西，舅舅家要送一只黃布做的老虎給外甥做滿月，進大門時，舅舅還要將老虎尾巴折斷一節，丟在門外，這樣，就丟掉了孩子在成長中遇到的坎坷，同時送上了健康勇敢的美好祝願。山西省流行在小孩過生日時，舅舅給外甥送虎枕，既可以當枕頭，也可以當玩具。南方的漢族人和東北鄂倫春族，甚至還保留有讓小孩佩戴虎爪和虎牙，以驅鬼闢邪的風俗。

虎的形象還常常出現在男女聯姻時，在陝西洛川，男女雙方訂婚時，男方要蒸一對老虎饃，用紅繩拴在一起，送給女方，表示婚姻從此開始。

在晉南，人們結婚時要貼雙喜剪紙，剪紙上有六隻老虎，代表新婚男女和他們未來的兒女。

湖北新婚夫婦的帳沿上，要倒掛一種叫做「蟬虎」的裝飾品，它用布製成，虎頭蟬身，意思是生命蟬聯不絕。

上海崇明島甚至流行新娘穿虎頭鞋的習俗，意思是過門後要制服丈夫，西北地區的女子們的陪嫁品中也有麵老虎、虎頭帽、虎頭枕等。

當然，喪葬習俗也離不開虎。古時候，帝王的墓前往往置麒麟，而大臣的墓前常置一尊石虎。位於陝西興平的西漢霍去病將軍之墓，其前就有一具石雕伏虎；位於山東省泰安市的明代兵部尚書肖大亨墓前也有一對石虎。

《周禮》中有一則傳說，解釋了這種習俗的由來：

有一種叫做罔象的水怪，喜歡吃死者的肝臟，但是牠害怕虎和柏樹，所以墓附近要種柏樹、放石虎。

看來虎不僅陪伴人一生，在人死後，牠還是忠實的夥伴。

◆虎佑財富

在中國古代的五行學說中，虎屬金，人們相信牠能夠保佑人發財。如今，一些年畫就以「虎招財」為主題。在臺灣也有類似說法，胸前佩戴虎形飾品能夠「咬錢增財」，因而從事賭場生意的人一般都會佩戴老虎飾品，希望能夠保佑自己發財。

第四節　月中玉兔

關於月亮，古人有許多浪漫的想像，其中最著名的要數「嫦娥奔月」的傳說了。據說嫦娥在廣寒宮裡鬱鬱寡歡，幸虧有一隻玉兔與她為伴。玉兔是嫦娥的寵物，這種說法在現代人心目中根深蒂固，可是，在古人的認知中，兔的地位卻重要得多，牠甚至是月亮的代表。

《春秋運斗樞》中說：「行失瑤光，則月出兔」，意思是假如月亮沒有了光輝，那就是兔子從月亮中出來了。

古人不僅想像月亮中有兔子，而且還想像兔子在月亮中做什麼。漢代《樂府詩集》中就有「白兔常跪搗藥蝦蟆丸」的詩句，晉朝傅玄在《擬天問》中則吟詠道：「月中何有？白兔搗藥。」漢代許多石畫像中也有玉兔搗藥的畫面。

為什麼古人會認為月中有兔？古往今來，人們為這個問題爭論不休，有人說因為月面的陰影像兔子；也有人說兔和月都是陰性的，所以它們被連繫在了一起；還有人說兔鼻有豁，月也有陰晴圓缺，兩者相感，關係親密。不過這些說法，都不如傳說故事來得有趣。下面這則故事出現在唐代玄奘《大唐西域記》中：

遠古的時候，天帝要考察狐狸、猿猴、兔子三種動物，就化身成一個老人來到山野中。他請狐狸、猿猴、兔子幫忙尋找食物充饑。三種動物分頭去尋找，狐狸在河裡找到了鯉魚，猴子在樹林裡摘到了水果，只有兔子空手而歸，於是遭到了其他動物譏諷。兔子就請狐狸和猿猴幫忙撿柴火，說是自有辦法。等熊熊烈火燒起來以後，兔子說：「我儘管卑微，但願意將自己奉獻出來，作為您的美食。」說完就跳入了火中。這時候，老人現出了天帝的原形，非常感慨，說：「兔的誠心讓我感動，我要讓牠的形象進入明月，讓後世之人永遠能看到牠。」

值得一提的是，起初兔子並不是占據月宮的唯一動物。漢代文獻《論衡・說日》中寫道：「月中有兔、蟾蜍。」也就是說，漢朝的時候，人們認為月亮中有兔子和蟾蜍兩種動物。一九七〇年代長沙馬王堆漢墓出土的漢文帝時期的帛畫中，也有一幅畫中有月牙、蟾蜍和兔。在東漢畫像石中，兔與蟾蜍一起出現的畫面也比較普遍。大概在晉朝時，兔才開始甩掉蟾蜍，單獨作為月亮的代表。

◆中秋祭兔

月中有玉兔，人們在對月亮進行祭拜時，當然不能忘記捎帶著膜拜月中玉兔了。古時中秋節祭拜月神的習俗是這樣的，人們擺出香案，上面供奉著「月光紙」，「月光紙」上印著「太陰星君」的字樣和玉兔搗藥的形象。從前的月餅上也常印有兔子的圖案。

不過在中秋節，與兔有關的最有名的物件是「兔兒爺」。它是一種民間手工藝品，早在明代就已出現，清代特別盛行，流行於北京、天津及周邊地區，甚至山東一帶，中秋節前後，貨攤上到處都有兔兒爺出售。

中秋節的兔兒爺有雙重職能：一是作為神靈，接受大人和兒童的祭拜，且以兒童祭拜為主；二是作為兒童玩具。兔兒爺兔首人身，多為泥製，色彩鮮豔，形態各異。正統的兔兒爺形像是左手端搗藥鉢，右手持藥杵，但是也有穿著盔甲手拿大旗、騎虎、默坐等樣式。

著名作家老舍在《四世同堂》中有對兔兒爺的一番生動描繪：

「臉蛋上沒有胭脂，而只在三瓣嘴上畫了一條細線，紅的，上了油；兩個細長白耳朵上淡淡地描著點淺紅；這樣，小兔兒的臉上就帶出一種英俊的樣子，倒好像是兔兒中的黃天霸似的。它的上身穿著朱紅的袍，從腰以下是翠綠的葉與粉紅的花，每一個葉折與花瓣都精心地染上鮮明而勻調的彩色，使綠葉紅花都閃閃欲動。」

◆秋兔迎霜

除了中秋節，與兔有關的節日還有不少。

比如古時候漢族有大年初一「掛兔頭」的習俗，目的是鎮邪避災；正月十五元宵節各式各樣的花燈裡面也有兔燈；在二十四節氣中的「穀雨」這一天，山東地區的漁民有「兔塞懷」的習俗，寓意出海平安。

不過影響力最大的，還要數華北一帶所流行的九月九日重陽節吃「迎霜兔」的習俗。明代劉若愚在《酌中志·飲食好尚紀略》中記載：「九日重陽節，駕幸萬歲山，或兔兒山、旋磨山登高。吃迎霜麻辣兔，飲菊花酒。」迎霜兔實際指的是一種野兔，因為重陽節前後正是上霜時節而得名。據說，重陽節吃迎霜兔能驅病祈福，令人延年益壽。而這還與古人認為兔長壽的觀念有關。

◆兔與分娩

兔與月有著不解之緣，在古人的心目中，連兔子的生育也與月亮有關。明人張瀚在《松窗夢語》中記載：「兔視月孕，以月有顧兔，其目甚了。」他的話反映了古人的一種觀念：天下的兔子都是雌性的，只有月中的玉兔是雄性的，地上的兔子是看到月亮中的雄兔而受孕的。有人推測古人得出這種看法的原因是，兔的生殖週期很短，在交配後，大約一個月後即產小兔，產兔後馬上能進行交配，再經過一個月左右又能生產，而且，兔子生產時總在晚上，這與月亮盈虧的週期正好一致。

關於兔子的生育，古人還有很多奇怪想法，比如《論衡》中說：「兔舔雄毫而孕，及其生子，從口中出。」同「兔視月孕」的看法類似，這雖是科學不發達時古人認知上的謬誤，但也反映了他們對兔的生育奧祕的好奇。

大概與兔的繁殖力強有關，兔與生育的連繫也很緊密。古時候兔還有個別名叫「娩」，而婦女生育也被稱為「分娩」；婦女懷胎時，忌諱吃兔肉，認為一旦食用，則腹中的胎兒就會跟兔子一樣是豁嘴；兔腦還能用來製催生藥，《本草綱目》中甚至稱它為「神仙之方」。

◆育兒兔俗

兔子善走，所以過去有一種「兔兒鞋」，它是在每年中秋節時給一歲到五歲的小孩穿的，鞋的頂端做成兔頭樣式，人們希望穿了兔兒鞋能讓小孩像兔子一樣敏捷。

另外，古代還有給孩子贈兔畫的風俗。畫中，六個小孩圍著一張桌子，桌上站著一個手持兔子吉祥圖的人，這一習俗的用意是祝福受贈的孩子將來生活安寧，步步高陞。

◆蛇盤兔，必定富

山西、陝西以及甘肅等地廣泛流傳這樣一句諺語：「蛇盤兔，必定富」，這是一種與屬相有關的婚配俗信，認為屬蛇和屬兔的人在一起會生活幸福。

民間剪紙中也常見〈蛇盤兔〉圖案，圖中蛇首兔頭相對，蛇軀環繞兔身。「蛇盤兔」的吉祥觀念其實不僅限於婚俗，有時也應用於喪俗。根據明代葉盛《水東日記》的記載，當時在北京居庸關以北，人們認為蛇盤兔的墓地是最好的，一旦發現了這樣的風水寶地，人們便蜂擁而至。

第五節　辰龍騰雲

一九九〇年代，在遼寧阜新查海的興隆窪文化遺址中，發現了一條石龍。它用紅褐色石塊塑成，長約二十公尺，身寬兩公尺，是中國迄今為止發現的年代最早、形體最大的龍，距今已有七八千年。可見，龍的存在歷史非常久遠。

關於龍的來歷，古往今來，有著很多說法。很多人認為龍的原型是某種動物，但不同的人支持的動物卻有所不同，於是就有了鱷魚說、蜥蜴說、河馬說、豬說等；有人說龍的出現源於其他自然物或自然現象，於是又有了松柏說、閃電說、彩虹說等；還有人主張，龍是「農」，象徵著農業的起源與發展，或者龍為「崇」，象徵著崇高等。

在眾多看法之中，聞一多先生的「圖騰說」影響最大。據他推斷，在中國氏族公社時代，以蛇為圖騰的氏族先後兼併了許多別的氏族，兼併的同時又吸收了其他氏族圖騰的某些部分，於是，「以大蛇為主體，兼有馬的頭、鬣和尾，鹿的角，狗的爪，魚的鱗和鬚混合而成的龍圖騰出現了」。

有趣的是，作為中華民族的圖騰，龍為祖先的故事在漢族中鮮有講述，但是在少數民族中卻流傳了下來，哀牢山彝族便有這樣的傳說：

從前，在哀牢山下住著一個名叫沙一的少女，一次她到河邊洗衣服，看見一條魚游來游去，一時玩心大起，蹚進河水去抓牠，不小心被上游漂下來的一根木頭撞了一下，回去後不久就懷孕了，後來一胎生下十個兒子。孩子們漸漸在她撫養下長大了，這天她帶孩子們到河邊戲水，忽見一條龍跳出水面問她：「你為我生的孩子就是他們嗎？」沙一點點頭，叫孩子們過來，見見父親。孩子們被龍的怪樣嚇得一哄而散，只有最小的孩子不但不怕牠，還好奇地摸摸牠的角，扯扯牠的鬚，最後一屁股坐到龍背上。龍很喜歡他，並伸出舌頭去舔他。沙一誤以為龍要吃他，急得大叫龍背上的孩子，哀牢話中「背」的發音接近「九」，「坐」的發音接近「隆」，龍以為這是孩子的名字，就叫他「九隆」。後來，九隆十兄弟娶了後山的十姐妹為妻，繁衍生息，自成一族，共推九隆做了族長。

龍行雨沛

俗話說「虎能生風，龍能喚雨」，自古以來，龍就被認為是司雨之神。龍所降下的雨水是從哪裡來的？

蒲松齡在《聊齋志異》中說：「俗傳龍取江河之水以為雨」，就是說，龍將江河裡的水帶到天上，再以降雨的形式把它撒向人間。這與今天科學所描述的自然界水循環的道理有些相似，只是古人以為，水的蒸發和蒸汽的凝結這些環節都是靠龍的神力來完成的。

也有民間故事講到，龍儘管是司雨之神，但祂也只是奉旨行事，什麼時候降雨，哪裡降雨，降多少雨，這些牠都做不了主，而是由祂的頂頭上司——玉皇大帝決定的。一旦龍違章辦事，就會遭到嚴重懲罰。

不管龍對於降雨的職權有多大，祂是直接掌管這件事情的，而降雨是否充沛關乎農業收成和百姓性命，所以，自古以來，中國人一直有祭龍祈雨的習俗。據古書記載，周代和漢代時人們祈雨所祭祀的龍是天上的星宿，也就是「東青龍，西白虎，南朱雀，北玄武」中的「青龍」。不過漢代也出現了堆土龍求雨的習俗，《山海經·大荒東經》中講述了關於這個習俗來歷的神話故事：

應龍本來是天上興雲布雨的神，後來祂答應幫助黃帝來攻打蚩尤和夸父。祂以水為武器，將蚩尤和夸父都打敗了，但祂也因此用盡了神力，再也上不了天，於是天下大旱。後來，人們想出了用土做成應龍的形狀，以此來求雨的辦法。

祭龍習俗中，龍本處於神聖的地位，然而世俗的儀式卻多多少少地沾染了人性化色彩。倘若請龍多日，還是沒有降雨，那麼人們就不再對龍那麼恭敬了，有些地方的習俗是透過「晒龍」的方式來懲罰它，也就是抬著龍在烈日下遊行，讓龍也體驗一下乾旱的滋味。在曝晒的過程中，人們會不時往龍身上灑點水，大概是怕懲罰過頭，真把龍給惹怒了，更得不到雨水。

中國人的觀念中還有龍王，其實龍王這個神靈並非出自本土，而是隨著佛教而傳入中國的，後來道教也將祂納入其中，在兩大宗教的影響之下，民間才漸漸認可了祂。

古時候在各地，到處都能見到龍王廟。人們常向龍王求雨，連皇家也不例外。北京頤和園南湖島上就有座龍王廟，清朝的嘉慶帝和慈禧太后都曾在此求雨。

◆龍的節慶

由於龍在中華文化中居於非常重要的地位，它與許多節日都有關聯，其中一個節日乾脆就以「龍」來命名，那就是二月二「龍抬頭」。這一天正值驚蟄、春分時節，民間認為蟄伏一冬的龍此時開始抬頭活動，以後的雨水也就多起來了。

根據古書記載，古人在這一天有「引龍」的習俗，人們從門外開始撒灰，一直撒到廚房以內，再圍水缸環繞一圈。由於中國北方多旱少雨，將龍引入家中，圖的正是風調雨順。

在二月二這天，圍繞龍的民俗活動和講究也有很多。

比如，人們喜歡在這天理髮，據說這樣就能像抬頭的龍那樣有精神；北方一些人家用彩紙、草節、細秫稭等穿成串，懸於房梁之上，稱「穿龍尾」；在很多地方這天人們要吃麵條、烙餅或者水餃，麵條象徵龍鬚，烙餅象徵龍鱗，餃子象徵龍耳。

龍舟競渡是一項古老的風俗，在浙江鄞州區出土的春秋時期的一件青銅鎖上，就刻有龍舟競渡的圖案。這個習俗不僅存在於大半個中國，在東南亞的許多國家也盛行。

根據古書的記載，古人不只在端午節這天，在整個春季以及中秋節前後也會賽龍舟。到如今，賽龍舟一般在農曆五月舉辦，以端午節最盛。龍舟飛馳，龍旗飛舞，鑼鼓聲、吶喊聲震耳欲聾，場面熱鬧非凡。

唐代詩人劉禹錫曾經在〈競渡曲〉中對貴州沅江賽龍舟的盛況如此描述：「揚桴擊節

雷闐闐，亂流齊進聲轟然，蛟龍得雨鬐鬣動。」龍舟競渡突出地表現了「龍的傳人」同舟共濟、勇往直前的豪邁氣質。

舞龍，也是中華民族在節慶時的傳統活動。據考證，早在兩千多年前，中國的民俗活動中就有舞龍項目。舞龍最早是用來求雨的，春舞青龍，夏舞赤龍，秋舞白龍，冬舞黑龍。經代代相傳，舞龍成為一種重要的民間喜慶活動，多在新春佳節進行。有時候，人們也會舞龍燈。清代石方洛就寫過一首題為〈龍燈〉的詩：

「新年入，龍燈出。紙龍無數木龍一，木龍領袖主驅疫。蜿蜒玲瓏八十節，節節有燈分五色，燈燈有人持其跋。群龍舞，一龍率，上下控縱不可測……」

今天，凡是有華人居住的地方，就有舞龍活動。隨著時代的發展，龍的製造工藝越來越高超，龍的形體也越來越大，舞動起來，上下翻滾，左右盤旋。臺灣彰化鹿港鎮的「世紀金龍」龍燈，全長三百八十四點三八公尺，是世界上最長的舞龍龍燈，要由八百人輪流舞動。

◆真龍天子

在神話傳說中，原始社會的著名首領都與龍有著緊密連繫，如炎帝是應龍所生，黃帝騎龍升天等。此外，據說堯舜也是應龍所生，而禹在治水時得到過龍的幫助。

儘管《史記·秦始皇》中將秦始皇稱為「祖龍」，但是龍與王權真正建立起密切關係，是從漢朝開始的。《史記·高祖本紀》中講到，劉邦的母親劉媼夢與龍交合，懷孕生下了劉邦。劉邦的相貌奇特，有些像龍。自劉邦以後，後世皇帝都自命為真龍天子。

既然皇帝是龍，那麼與皇帝有關的一切，就都可以用「龍」來稱呼了。比如，皇帝的身體叫龍體，模樣叫龍顏，皇帝即位叫龍飛，皇帝穿龍袍、坐龍椅、乘龍船、坐龍輦，皇帝死去叫龍馭賓天。

由於龍與皇權的密切關係，在封建社會，龍紋成了皇帝才能用的符號。

清朝皇帝的龍袍上，一般繡有九條金龍，從前面或後面看都是五條金龍，合「九五之尊」的帝王稱號。而皇帝的家——故宮簡直就是一座「龍窟」，故宮建築群到底有多少龍，恐怕沒有人能說出準確數字。

然而，只有皇家能鋪天蓋地地堆砌龍符號，普通人一旦僭越使用，就會遭受殺身之禍。明代畫家戴進就是因為畫了一幅〈水母騎龍圖〉而丟了性命。

第六節　龍蛇之變

在人類眼中，蛇是一種比較可怕的動物，於是，自然對牠由畏生敬，蛇也因此成為人類膜拜的圖騰之一。

蛇圖騰遍及全世界，中國也不例外。上古傳說中，人類的不少祖先都是蛇身人面的形象，如伏羲氏、女媧氏、神農氏、共工氏等。在漢代畫像石上，我們見到的伏羲、女媧的畫像為半人半蛇，他們下半身的蛇軀緊密地纏繞在一起。考古發現，早期出土文物中常見蛇的紋樣，如仰韶文化的陶器上便有蛇的圖案。

按照聞一多先生的見解，中華民族的龍圖騰，是氏族公社時期以蛇為圖騰的氏族兼併了別的氏族，吸收了其他氏族圖騰的部分形象後形成的。

◆蛇王崇拜

蛇王崇拜是後人延續了先祖敬蛇心態的典型表現，中國不少地方都建有蛇王廟。關於蛇王身分的來歷，不同地方的說法有所差異。江浙一帶以明初大臣方孝孺為蛇王，福建省有的地方則認為蛇王是一個僧侶，而在福建南平縣樟湖鎮，流傳著這樣的蛇王傳說：

蛇王姓連，原是一條大蟒蛇。經過修煉得道於古田的再見嶺，蔭庇一方。某年樟湖地區發生可怕的大霍亂，死了很多鄉民，後來派人向蛇王求助。次日一條大蟒蛇突然出現於樟湖天空，口吐煙火，驅除了瘟疫。鄉民得救，後立廟奉為菩薩，還將每年農曆七月初七作為蛇王節。

民間還有給蛇王過生日的習俗，這在清朝文獻中有所記載。相傳蛇王生日在農曆四月十二，每年此日，蛇王廟中進香的人絡繹不絕，據說將討來的符箓貼在窗戶上可避蛇害。關於四月為蛇王的生日，民間還有一種解釋：因為四月是晒麥的季節，農民們祭蛇，是為了向牠祈求晴天，方便場上晒麥。

◆蛇靈禁忌

人類學家指出，禁忌是人為了避開對自己可能有危險的事物而採取的一種自衛措施。對於蛇，民間有許多禁忌。

首先忌諱直呼其名，而代以稱之為蠻家、蒼龍、天龍、狐仙、大仙、祖宗蛇、家龍、老溜等；許多地方忌說「蛇無腳」，害怕蛇真的長出腳來追人；忌見蛇交配，若是有人在路邊看見幾條蛇絞在一起，往往趕緊揪掉身上某個鈕扣丟去，表示懺悔，然後走開，當做什麼也沒看見；忌用手指蛇；忌見蛇蛻皮，民間有「看見蛇蛻皮，不死脫層皮」的說法；有的地方認為，見到蛇跌落掉地或蛇出洞是不吉利的，有「男怕跌蛇，女怕跌鼠」之說；苗族人忌諱在接新娘途中看到蛇從前面經過；安徽有些地方，認為夢見蛇是有人暗算的預兆；古人特別忌諱見到兩頭蛇，認為這是凶兆。

當然，上述禁忌是在科學尚不昌明的時代產生的，大多具有迷信色彩，下面這則民間故事便有驅散這種迷信的意義：

戰國時期的楚國孫叔敖小時候曾見過兩頭蛇，這本來不是好兆頭，但孫叔敖為了不讓其他的人再看到這條兩頭蛇而遭殃，就把這條蛇打死埋葬了。孫叔敖回家後悶悶不樂，母親問他原因，他把事情原委告訴了母親，母親說：「不要擔心，你做了一件好事，會有好報的。」這個故事說明孫叔敖小小年紀就能為他人著想，後來他成為楚國的一代名相，也在意料之中。

◆吉祥蛇俗

在中國文化中，蛇的形象並不全然是令人恐懼的，民間也將蛇視為吉祥的象徵，認為蛇能保家中平安，帶來財富。

送蛇習俗流行於青海地區，當地人以家中有蛇為吉利，絕不可將其殺死，倘若想避開牠，可將其捉入罐中或挑在長桿上，送到山谷中，並求其躲進山洞。福建閩南一帶，如果蛇進了誰家，人們認為牠是祖先派來巡視平安的，不准打殺。

在山西、陝西等地區，流行捏「蛇婆婆」的習俗。婦女們用發酵的白麵盤成蛇狀，用兩粒高粱當蛇的眼睛，再在蛇嘴裡放一枚銅錢。錢為財，蛇為繩，取發財致富之意。陝西黃陵縣還有捏「蛇盤兩顆蛋」的習俗，當地還流傳著關於這一習俗來歷的傳說：

從前，有一個很賢惠的媳婦，在田野裡救了一條受傷的小花蛇，便帶回家養在糧倉裡，沒過多久，受傷的小花蛇傷好了，為了報答她的救命之恩，生下兩顆蛋就消失了。這兩顆蛋孵出兩條小蛇後，發生了奇蹟，糧倉裡的糧食總是吃不完，老是滿滿的，這引起了她公公的懷疑。他查看糧倉，發現倉內有兩條小花蛇，便不由分說地把兩條小花蛇打死了。沒想到他家從此一天天衰敗下來，最後變得一無所有。此後黃陵人再也不敢打蛇，人們把小花蛇視為家神和財神，為了祈祂保佑，每年正月填倉節和重陽節慶豐收時，便用麵捏成「蛇盤兩顆蛋」饃，作為吉祥物放在糧倉裡。

◆蛇化人形

中國民間流傳有不少蛇化人形的傳說。蛇雖是人敬而遠之的動物，但是牠幻化成的人物形象卻大多和藹可親。

在少數民族故事中，蛇常化身為男性形象。如傣族有「四腳蛇阿鑾」的故事，苗族有「蛇郎和阿宜」的傳說，土家族有「龍郎和秋娥」的故事，在這些故事中，蛇郎都是青春、力量與奮鬥的象徵。

漢族也有關於蛇郎的民間故事，可是它遠沒有美女蛇的故事吸引人。在《西遊記》

和《聊齋》之中，都有關於蛇精的故事，大概是由於蛇的身姿曼妙，帶有神祕的美感，傳說中的蛇精也大多美貌異常。

不過，中國最有名的蛇精，還要數《白蛇傳》中的白娘子。《白蛇傳》與《梁祝》、《孟姜女》、《牛郎織女》並稱「中國四大傳說」，它的故事在民間不斷流傳，被各種地方戲曲演繹，歷久不衰。

《白蛇傳》講述了白蛇幻化成的白娘子和凡人許仙的愛情故事，白娘子雖非人類，卻溫柔多情、端莊典雅，又擁有法力，俠肝義膽，幾乎是完美的化身。她為愛情奮不顧身、甘心受難的犧牲精神，讓千百年來令無數人扼腕嘆息、感慨不已……

一九九〇年代，臺灣根據《白蛇傳》拍攝的電視連續劇《新白娘子傳奇》，也成為電視連續劇的經典之作。

◆龍蛇之變

大概與對蛇的迴避心態有關，中國人普遍習慣把蛇稱作「小龍」，生肖屬蛇的人也常自稱屬「小龍」。

漢代畫像石中，伏羲、女媧是人首蛇身的形象，古書中也有「伏羲鱗身，女媧蛇軀」的記載，由此可知，古人並沒有將龍和蛇分得很清楚。

東漢《論衡．講瑞篇》說：「龍或時似蛇，蛇或時似龍」，可見龍蛇相互變幻非常容易。湘西苗族地區還流傳著一個龍蛇變化的故事：

龍本來是為苗家降雨除旱的，但有一回降錯了雨，被玉皇大帝貶為蛇，關在一眼水井中，眼睛也瞎了。

六月初六這一天，有一個名叫琅珞的嗩吶手到井邊打水，打了幾次，每次打上來的都是一條蛇。琅珞對蛇說：「蛇呀蛇，莫纏我。今天你是蛇，明天就成龍歸位了。」蛇聽了這話很高興，朝琅珞點了三下頭，鑽到了井水之中，琅珞吹起嗩吶歡送。幾天後，琅珞又救了一條紅鯉魚，放回河裡，這條鯉魚是被貶的龍的女兒。

因為琅珞的吉言，那條被貶為蛇的龍真的「成龍歸位」，被玉帝封為東海龍王。龍王知恩圖報，派女兒去邀請琅珞，經過一番周折，琅珞被請入水晶宮。

三年後，因思念苗山，琅珞執意離開，龍王送他珍寶，他卻不要，只要了龍宮中的一條小狗。沒想到回到苗山後，小狗變成一位美女，原來她是曾被琅珞搭救放生的紅鯉魚，也就是龍王的三公主變幻而成的。後來，琅珞和三公主結為夫妻，恩愛美滿，又把老龍王接到苗山，一起過著幸福的生活。

由於龍和蛇都有變幻無常、神祕莫測的特點，莊子將龍蛇與大人物相比：「無譽無訾，一龍一蛇，與時俱化，而無肯專為。」

有人說，蛇能夠取得在中國文化中的崇高地位，是因為牠與龍相似。此言差矣，要說蛇依附於龍，倒不如龍依附於蛇來得真切。因為，龍是虛擬之物，而蛇卻是自然界真實存在的，而龍的許多特點都是以蛇為依據幻化出來的。

第七節　天馬行空

馬最為人所稱道的，自然是牠的腳力。古人曾幻想一種奔走如飛的馬，喚之曰「天馬」。《山海經·北山經》中如此描述「天馬」：

「又東北二百里，曰馬成之山，其上多文石，其陰多金玉。有獸焉，其狀如白犬而黑頭，見人則飛，其名曰天馬，其鳴自訆。」

古人嚮往著天馬，卻無緣得見，在看到了世間日行千里的極品馬之後，便不禁驚呼其為「天馬」，這件事情發生在漢武帝身上，這種極品馬就是汗血寶馬。

後來，漢武帝為了奪取汗血馬，還與牠的產地——西域大宛國發生過兩次血腥戰爭。漢武帝為汗血寶馬興師動眾，使牠得到了「世間天馬」的美名，被文人墨客豪情萬丈地演繹著，唐代著名詩人李白就寫有〈天馬歌〉：「天馬出來月氏窟，背為虎紋龍翼骨，嘶青雲，振綠髮，蘭筋權奇走滅沒。」宋代司馬光也寫過一首〈天馬歌〉：「大宛汗血古共知，青海龍種骨更奇，網絲舊畫昔嘗見，不意人間今見之。」

一九六九年十月，在中國甘肅武威，東漢靈帝時期的張姓將軍墓，出土了一件青銅藝術珍品：一匹銅奔馬昂首嘶鳴，長尾飄舞，三足騰空，右後足踏在一隻飛鳥身上，鳥驚恐回望，說明馬的速度讓鳥兒都反應不過來。這就是由郭沫若命名的珍貴文物——馬踏飛燕。人們推斷，馬蹄下的飛禽並不是燕子，而是古代傳說中的龍雀（即「風神」），而速度超過風神的馬肯定不是凡馬，正是傳說中的「天馬」。

◆馬喻良才

世間的馬不計其數，但千里良駒卻屈指可數，不然漢武帝也不至於大動干戈去奪取西域的汗血駒。古話說：「千金易得，良將難求」，人才與千里馬一樣難得。

清朝龔自珍詩云：「九州生所恃風雷，萬馬齊喑究可哀」，詩句描繪的正是缺乏人才的沉悶局面。以千里馬來比喻良才，大概是從兩千四百多年前發生的一個故事開始的。

戰國時期，各國的君王競相招攬人才，以求國家的穩固長久。燕昭王也不例外，準備以謙恭虛心的姿態和優厚的報酬來吸引優秀人才。

燕國有個叫郭隗的臣子，他向昭王講了一則關於千里馬的寓言：從前有個君王想花千金求一匹千里馬，三年過去了，一直未能如願。門人便主動請戰，表示自己可以弄到千里良馬。國君派他去，他三個月就找到了千里馬的下落，但是馬已經死了。門人拿出五百金買下了馬的骨頭，回來交差。國君生氣地說：「我要的是活馬，你怎麼花五百金買回一堆枯骨？」門人答道：「是啊，今天我替大王花五百金買下千里馬的骨頭，那一匹活生生的千里馬就不知多昂貴了。天下人由此知道大王這樣看重千里馬，還愁別的千里馬不紛至沓來嗎？」

郭隗講到這裡，話題猛然一轉，連繫到了自己：「今天，大王要是真心求賢招才，就先重用我郭隗吧。連我這樣不怎麼傑出的人才都受到了重視，那些比我強得多的賢才就更不用說了。千里馬一旦打算投奔誰，再遠也會自動前來。」於是，燕昭王就起用郭隗做了重臣。果然，不到一年，士人投奔燕國就越來越踴躍了。

世間並非沒有千里馬，但倘若牠遇不到慧眼伯樂，一生也只能困於馬廄，日行千里的本領無從施展。唐代韓愈的《馬說》云：「世有伯樂，然後有千里馬；千里馬常有，而伯樂不常有」，表達的正是詩人自己懷才不遇的沮喪與痛苦。

◆龍馬精神

今天，我們常用「龍馬精神」來形容中華民族所崇尚的自強不息、奮鬥不止的進取精神。

「龍馬」是什麼？實際上，龍馬並非現實中存在的動物，而是古代民間信仰的產物，牠出生於水中，或者馬首龍身，或者馬身龍紋，馬的身上有龍的神韻。

龍馬信仰是中國龍文化和馬文化相融合的產物。龍這種虛擬的神物，與許多現實中的動物都有關係，其中之一便是馬。在古人的心目中，龍馬可以互化。《周禮》中說：「馬八尺以上為龍」，《山海經》裡也有：「馬實龍精」的說法。

民間在畫龍首時，要模仿馬頭，據說龍身的一部分也取自馬體，而今，老百姓中間還流傳著「是馬三分龍」的說法。又如《西遊記》中唐僧騎坐的白龍馬，也是西海龍王之子小白龍化成的。

古時候，龍馬的出現被認為是君主仁德的象徵，太平盛世的象徵。隨著時間流逝，它所代表的內涵有所演變。今天，由於龍馬有著剛健、明亮、熱烈、高昂的形象，有著雄壯無比、追月逐日、乘風御雨、不捨晝夜的能量，因此，它就成為中華兒女克服困難，永遠前進的精神的象徵。

◆馬神崇拜

在古代，不管是官方還是民間，都要祭祀馬神。周代時，官方的祭祀制度是「春祭馬祖，夏祭先牧，秋祭馬社，冬祭馬步」——馬祖是天上的星宿名字，也就是天駟星；先牧是開始教人牧馬的神靈；馬社是馬廄中的土地神；馬步是給馬帶來災害的災神。

漢族民間還信仰被稱為「馬王爺」的馬神。馬王爺是與馬有關的行業，如騾馬驢商販、馬幫等的行業神，此外，他還掌管民間糾紛。有趣的是，中國的醬園業和糕點業也將馬王爺奉為行業神之一，至於原因，已經沒有人能說清楚了。過去在北京，還有許多馬王廟或馬神廟。

據說馬王爺是西漢時期投降漢族的匈奴王子金日磾（ㄉㄧ），他身高八尺二寸，漢武帝時擔任馬監，後來被民間神化為四臂三目、相貌猙獰的馬王爺。所以今天有俗語說：「馬王爺三隻眼。」此外，也有人以殷紂王之子殷郊為馬王爺。

◆養蠶神，馬頭娘

中國的養蠶人以「馬頭娘」為行業神。馬頭娘的形像一般是一個騎馬的女子，有時也會是一個身披馬皮的女子，她的來歷是怎樣的呢？《搜神記》中有這樣一個故事：

很久以前，有一個女孩，因為父親外出參軍打仗，她一個人在家，非常想念父親，就跟家裡的馬開玩笑說：「如果你能把我的父親帶回來，我就嫁給你。」結果馬真的把他的父親馱了回來。父親知道了事情的經過之後，就把這匹馬殺了，並且把馬皮掛在牆上。一天，這個女孩坐在馬皮旁邊，跟鄰居家的女孩一起玩，馬匹竟然捲著這個女孩飛走了。很多天以後，人們在大樹間發現了女孩和馬皮，但是都已經化成蠶了。從此以後，人們祭祀馬頭娘來祈求養蠶興旺。

第八節　羊示吉祥

在中國文化中，因為羊有著諸多美好之處，牠自然而然地成為吉祥的象徵。在古代，「羊」和「祥」兩字通用，古器物銘文上，「吉祥」大都寫作「吉羊」。二〇〇八年北京奧運會的吉祥物之一——可愛的「迎迎」就是一隻機敏靈活、馳騁如飛的藏羚羊。

由於羊寓意美好，牠的形象常出現在民俗活動中。古人有年初在門上懸羊頭的習俗，據說這樣能夠防患盜賊。在婚禮等喜慶的場合，更少不了羊的身影，在青海民和、樂都、湟中等地區，有一種叫做「歃羊酒米」的習俗。男女結婚在女方家辦酒席時，男方要送一隻羊或一些肉過來，稱為「歃羊」，意思是男女雙方歃血定盟，永結同心。

北方的蒙古族、哈薩克族、柯爾克孜族、錫伯族等少數民族也有與羊有關的婚俗。如蒙古族的「許婚筵」，蒙語叫做「不兀勒扎兒」，意思是「羊頸喉」，羊頸喉的肉堅韌耐嚼，象徵夫妻雙方牢不可分，百年好合。

古時生活用品和藝術品也廣泛使用羊形象作為裝飾，流傳下來的精品有商周時期的四羊方尊等。

取羊的吉祥之意，各地區以「羊」來取名的地方數不勝數，其中最大最有名的當數「羊城」廣州了。廣州，古稱「五羊城」，關於這個名稱的來歷，還有一個傳說。

周朝的時候，南海來了五位仙人，穿著五色衣，騎著五色羊，他們到了廣州一看，一片荒涼，於是將每莖六穗的稻穀留在這裡，之後騰空而去，留下的五隻羊化為石頭，於是廣州有了「羊城」的美稱。據說從那以後，廣州城才開始開墾種地，並成了富饒的南國魚米鄉。

「羊」字還有一層吉祥含義，那就是「羊」也與「陽」諧音，在古代，兩字還能通用，因而羊有時也被用來代表「陽」。農曆羊年來臨的時候，人們常用「三陽開泰」來表達新年祝福，它的意思是大地回春、萬象更新。民間藝術作品也常以三隻羊仰望太陽來表達「三陽開泰」的美好寓意。

◆祭壇上的羊

由於「羊示吉祥」，古時候作為人際交往時的饋贈佳品的羊，也順理成章地成為人類敬獻給神靈、上天和祖宗的禮物。

羊是中國古代最重要的祭品之一，牠在祭祀儀式中的地位僅次於牛。商周時代，祭祀分不同等級，最高等級是「太牢」，要獻牛、羊、豬三種祭品，而第二等級是「少牢」，要獻羊和豬兩種祭品。可見，羊在祭祀大典中總是不可或缺的。

有關商王室對武丁祭祀的文獻中提到了「卜用百犬、百羊」，「十五羊」，「五十羊」等，由此可見，當時羊作為祭祀的犧牲用量之大。

今天，以羊作為祭品的現象在漢族中已不常見，但在少數民族地區仍然普遍存在。蒙古族的祭祀，最隆重的是祭敖包。祭敖包的儀式有血祭、酒祭、火祭、玉祭四種，其中的血祭就是殺羊祭祀，火祭是把羊頭或羊蹄投入火中。

對藏族人來說，羊是新年祝福的祭品，所以在過藏歷年時，人們總不忘供上一隻用酥油或陶瓷做成的羊頭，來祝福新的一年風調雨順。

◆羊圖騰

羊也是中國上古時期流傳很廣泛、影響很深遠的一種動物圖騰。

中國古老的民族「羌」就是以羊為圖騰的原始部落。原始羌人是分布在今天青海河湟一帶的遊牧民族。根據學者考證，甲骨文中「羌」字的字形就是對一個頭戴羊角的人的形體模擬，可見，原始羌人有頭戴羊角的圖騰風俗。

中國古代的夏、商、周三朝的部族都與古代羌人有著密切的關係，因而三朝文化都有很明顯的羊圖騰文化印記，現在保存的這三個朝代出土文物中有大量羊形或者帶有羊紋的青銅器。

羊圖騰崇拜還遺留在今天一些地區和民族。在青海河湟地區，民間仍流行一種老羊歌娛神舞蹈，表演者頭戴羊角帽，身穿羊皮襖，面部畫山羊鬍，在跪拜進香之後，表演者就被認為具有了羊神的神力。

羌族作為古代羌人後裔中的一支，也有一系列崇拜羊的習俗。比如羌族人祭祀活動中常用羊做祭品，羌族祭祀時主要的舞蹈形式是羊皮鼓舞。羌族巫師所戴的帽子有兩個角，且用羊皮製成，巫師所持法器也全是用羊角、羊皮、羊骨等製成的。羌人死後，要殺一頭羊為死者引路，俗稱為「引路羊子」。

◆羊為神獸

隨著時間的推移，作為圖騰神物的羊逐漸演化成為漢族人心目中掌管特定職務，或者具有某種特異功能的神獸。

孔子曰：「土之精為羊」，也就是說，羊曾被認為是土神。在先秦時期，流傳著「穿井得羊」的奇異故事，講的是有人在打井的過程中，沒有見到水，挖出的土堆中卻出現了羊。古時候，隴州汧源曾有土羊神廟，祭祀「土羊之神」。關於這個廟的來歷，也有一個傳說——

在隴州汧源，秦始皇曾看到兩隻白羊相鬥，就命令下人追逐，追到一個地方時，這兩隻羊化成了土堆。當秦始皇趕到這個地方，看到有兩個人拜倒在路邊，說：「我們並不是人類，而是土羊之神，因為您來到這裡，所以特意來拜見。」說完就消失不見了，秦始皇於是下令在這個地方建了一座土羊神廟。

羊與石頭也有著不解之緣，在民間傳說中，羊與石常能互化。閩臺地區就流傳著一個「張聖君化石為羊」的故事。

張聖君年輕時，有一次為了與其他人比試法術，將石頭化成羊群並驅趕牠們前行。途經河邊時，他遇到一個正在用黑炭洗白色衣服的女子，就好奇地問道：「你這樣洗怎麼能洗得白呢？」那女子竟然說：「你用石頭變羊又如何走得動呢？」話音剛落，張聖君趕的羊兒就一隻也不動，全都變回石頭了。原來那以炭洗衣的女子是觀音所化，在她的點撥下，石頭恢復本相，至今這些石頭還匍匐於一個叫「仙寄岩」的地方。

故事中的「張聖君」是道教神靈，古時候羊還有個有趣的別名叫「白石道人」，可見羊石互化的觀念大概跟道教文化有關。

唐代志怪小說《柳毅傳》，講的是書生柳毅和龍女的愛情故事，其中也提到了一種神羊。柳毅第一次與龍女見面時，龍女正在牧羊，這些羊與普通的羊在外貌上並沒有差別，但是「矯顧怒步，飲齕甚異」。柳毅覺得奇怪，就問這些羊是做什麼用的，龍女答：「非羊也，雨工也。」柳毅追問：「何為雨工？」龍女答：「雷霆之類也。」在這個故事中，羊就是掌管打雷下雨的神獸。

上古神話中還有一種會判案的獨角神羊，名叫「獬豸」，牠是司法審判之神皐陶的得力助手。傳說當皐陶遇到不能決斷的案件時，就把獬豸牽到犯罪嫌疑人面前。如果嫌疑人有罪，獬豸就會用獨角抵他，假如無罪，獬豸就不會碰他。由於獬豸具有明辨是非曲直的特性，牠就成了勇猛、公正的象徵。從春秋時期起，執法官員要戴獬豸冠，官服繡獬豸紋樣，衙門裡常畫獬豸的圖案。作為一種瑞獸，獬豸還成為明孝陵神道六種墓前石獸之一。此外，牠的形象還經常出現在封泥和畫像石上。

第九節　靈猴神通

帝嚳是上古時代的五帝之一。據郭沫若先生考證，從神話人物帝嚳為動物神祇猴，可以推斷猴曾被當作原始圖騰。他還進一步認為，猴最初是殷人的圖騰，因為殷人認為，他們部族的「高祖」是猴。

中國的少數民族也有猴圖騰的傳統，藏族地區流傳著一個「獼猴變人」的傳說。

一個受菩薩點化的獼猴去雪城修法，遭到岩洞女妖羅剎女的逼婚，在徵得菩薩同意後，獼猴與羅剎女結為眷屬，生了六隻小猴。菩薩從須彌山中取出青稞、小麥、大麥和高粱等播種於地，讓小猴作為食物。小猴吃了這些糧食之後，身上的毛和尾巴都變短了，成了會說話的人。

由於傳說中的獼猴寬厚善良，而羅剎女刁鑽任性，藏族人至今認為，人類之所以善良和邪惡的本性共存，是因為男性祖先和女性祖先的性格都繼承到了人類身上。至今，在藏族盛大慶典的「跳神」儀式中，仍保留著頭戴猴王面具的舞蹈。

四川羌族的祖先神話《木姐珠和冉必娃》，則講述了這樣一個故事：

當初猿子冉必娃為了與天上阿爸（天神）木巴的女兒木姐珠結合，在一天之內燒了好幾條溝的火地，當大火燒到自己時，冉必娃雙臂緊合，一手護住頭頂，一手護住陰部，結果大火燒掉了全身的猴毛（只在腋窩、頭頂和陰部留下少許），冉必娃變成了美男子，成了羌人的祖先。

羌族村寨每逢大事，如祭祀或者婚喪嫁娶，全寨人都會聚在一起，傾聽巫師吟唱記述民族歷史的故事，其中肯定要唱到《木姐珠和冉必娃》這段。且歌且舞的巫師頭上所戴的，也是金絲猴毛製成的帽子。

漢族地區的猴圖騰崇拜雖不像少數民族一般證據確鑿，但是也留有一些遺蹟。在四川成都流傳著下面這則神話：

人類始祖伏羲和女媧最初也是猴子，與其他猴的不同之處是他們身上沒長毛，會用樹葉遮羞，會站起來走路，雙手還會比比畫畫地交流，於是盤古王將他們從猴群中挑出來，讓他們成親並繁衍人類。

在河南淮陽，每年農曆二月二到三月三的人祖伏羲朝拜廟會上，很多人都會去買一種叫「人祖猴」的猴面人身泥偶，「人祖猴」有抱膝猴、穿衣猴等種類，據學者考證，這也是古代猴圖騰的遺俗。

◆吉祥小猴

大概與遠古的圖騰崇拜有關，今天，猴仍被認為是一種吉祥的動物，能夠佑福闢邪。

在山西、陝西、內蒙古等地的農家炕頭上，常有一個用青石雕刻的小石猴，母親將一根紅繩繫在石猴腿部的圓孔上，另一頭攔腰拴住六、七個月剛學爬行的嬰兒。當地人相信，猴能保佑娃娃平安，還有助於他長大後精明能幹。雲南納西族一些地區，每當小孩出生，就在嬰兒帽上縫一條猴尾，據說可以祈福闢邪。

在北京著名道觀白雲觀，廟門內的弧形石雕下方有一石猴浮雕，老百姓認為摸一下石猴可以去病消災、延年益壽，於是競相觸摸。

此外，由於「猴」與古代爵位「侯」諧音，有「封侯」的象徵之意，民間剪紙和年畫常取這一含義：倘若猴和馬同時出現在一幅作品中，其寓意是「馬上封侯」；一隻猴爬在楓樹上掛印，其寓意是「封侯掛印」；一隻猴子騎在另一隻猴子的背上（「背」與「輩」同音），即表示「輩輩封侯」。

猴子愛吃桃，而桃子象徵長壽，所以民間剪紙中也常見「猴桃瑞壽」的圖案，取健康長壽之意。倘若是一隻猴子蹲在桃樹上，兩隻手臂彎伸在耳朵兩側，宛似一對蝠形，「蝠」與「福」同音，其寓意就更美好了，為「福壽雙全」。

說到以猴子為素材的剪紙藝術品，有一幅作品不可不提。一九五九年，在新疆吐魯番高昌故址一處墓葬中，出土了五幅南北朝時期的剪紙，根據考證，它們距今一千五百多年，是中國現存最早的民間剪紙。在這五幅剪紙中，有一幅是「對猴團花」，圖案是八對頑猴雙雙相背而又相顧而視，每對猴子兩尾相接，一爪相牽，另一爪則高高舉起，與外圈的鋸齒紋相連，生動而簡練，藝術造詣頗高。

◆齊天大聖孫悟空

說到猴，大多數中國人最先聯想到的，一定是孫悟空。在《西遊記》中，孫悟空的通天本領和俠肝義膽讓人欽佩又崇敬，有些地方乾脆將小說中的「齊天大聖」上升為神格，希望神通廣大的祂能保佑當地人平安幸福。

根據古書記載，在清朝時候，中國的揚州、潮州等地都有供奉齊天大聖的習俗。今天，這種習俗在福建省順昌縣仍然存在。在順昌縣，有許多供奉齊天大聖的神壇和廟宇。順昌鄭坊峰嶺村的村民還以農曆七月十七為齊天大聖生日，每年的這一天，全村老少都要聚在該村的齊天大聖殿裡為祂慶祝壽辰。

今天，膜拜齊天大聖的習俗，在臺灣仍很普遍。臺灣的很多寺廟都供奉有齊天大聖，雖然多數時候祂是與觀音菩薩供在一起的，但仍有十幾座以齊天大聖為主神的寺廟。有不少人還把齊天大聖請回家中來供奉。如果小孩面黃肌瘦，營養不良，大人就認為他得了「著猴病」，必須去大聖廟祭拜才能痊癒。

看過《西遊記》的人都知道，「齊天大聖」不過是孫悟空自封的名號，玉皇大帝封給他的真正官位是「弼馬溫」，職責是在天宮御馬監養馬。人們常說「藝術源於生活」，在吳承恩筆下，孫悟空官封「弼馬溫」的情節，就是以當時百姓相信猴能避馬瘟的習俗為依據。

相傳舊時馬廄上總要繫上一隻猴子，作用是避邪、去除瘟病、守護馬匹安全。過去，中國西南高原上的商人，在驅趕馬幫長途販運時，常帶一隻猴子同行。據說，猴對騾馬的疾病很敏感，常能發現病馬，所以商人們住店前總是先讓猴子嗅一遍，無疫情才安置馬匹。今天，在陝西、甘肅、山西一帶，特別是陝西的渭南地區，村村都有拴馬石樁，許多拴馬樁的頂端都雕有石猴，稱「避馬瘟」。

猴不僅能保證馬的健康，在一些地方，人們認為祂還能保護航海安全。

過去，在三門峽、陝縣一帶的古渡口，木船靠岸繫繩的木樁頂端都要雕一隻猴子。

有人說，這種習俗的由來也跟孫悟空有關，因為孫猴子水性好，能潛入東海大鬧龍宮，所以敬祂可保人船平安。

◆猴節猴祭

各地關於猴的習俗還有不少。

比如貴州省荔波、獨山一帶的布依族有「猴節」。農曆二月初二這一天，人們帶著節前準備的「香藤粑」，湧上山頂唱歌狂歡，孩子們像山猴一樣滿山亂躥，山野沸騰起來。婦女們還要晒種、選種，男人們檢修農具，猴節一過就要下地忙農活了，所以猴節又稱「動土的日子」。

臺灣卑南族有「猴祭」習俗，「猴祭」是男孩十二三歲時的傳統祭祀儀式，通常在十一月早稻收成後舉行。祭祀儀式以殺猴為主要環節，目的是培養少年的膽識。之後還要舉行葬猴儀式，目的是禳災闢邪。在殺猴和葬猴的過程中，人們都要唱猴祭歌。

種種與猴有關的習俗，都表達了中國人對猴的喜愛之情，也印證了中國人對猴的崇拜之意。

第十節　金雞報曉

雄雞每日定時報曉，這令古人覺得疑惑難解，於是在他們心目中，雞與太陽有了神祕的連繫。太陽為何每天東升西落？這對古人來說亦是難題，他們便開啟想像力——是鳥兒駕馭著太陽在空中翱翔。

古時候曾有兩種禽類被認為是載日、居日的太陽神鳥，雄雞順理成章地成為其中之一，陸佃曾在《埤雅》中提道：「舊說日中有雞，月中有兔。」與雄雞一樣榮為太陽神鳥的另一種禽類，是三足烏鴉，稱為「陽烏」，漢代畫像石上常見陽烏的身影。

古代傳說中還有一種「天雞」，李白曾在著名詩篇〈夢遊天姥吟留別〉中提到過牠：「半壁見海日，空中聞天雞。」關於「天雞」，曾有這樣一個傳說：

某地東南方向有一座桃都山，山上有棵名叫「桃都」的大樹，這棵樹高大粗壯，枝葉能夠伸展到三千里之外，天雞就在這棵大樹上棲息。太陽剛剛升起的時候，陽光照到這棵樹上，於是天雞打鳴報曉，天下的凡雞都應聲而啼，把太陽升起的消息傳遍四面八方。

雞跟太陽的連繫，也反映在了民俗上。過去，在中國華北地區，尤其是北京，在每年的農曆二月初一要過「中和節」祭祀太陽，供品是太陽雞糕。太陽雞糕是用米做成的，糕面上印著日中金烏或者直接印雞的圖案，人們將它買回家，為太陽神供上三五個，供完之後由人食用。

◆闢邪金雞

天下一切汙穢之物都懼怕太陽，而雞作為太陽神鳥，自然能夠驅鬼闢邪。

早在先秦時期，古人就有用雞和雞血驅邪的活動。清代學者袁枚在《新齊諧》中提到「鬼畏雞鳴」：「雞叫一聲，兩鬼縮短一尺，燈光為之一亮。雞三四聲，鬼三四縮，愈縮愈短，漸漸紗帽兩翅擦地而沒。」民間對「鬼畏雞鳴」說法深信不疑，老人們經常會這樣告訴小孩子：晚上如果遇見了鬼，只要學雞叫就可以把它嚇跑。

今天，河南一些地方也還有殺雞嚇鬼的習俗，據說農曆十月初一這天閻王爺放鬼，到來年清明節收鬼。老百姓認為鬼怕雞血，於是屆時殺雞，使小鬼不敢進自己家門。

古時民間還有在門上貼雞畫來闢邪求吉的習俗。南朝宗懍在《荊楚歲時記》中如此記載：「正月一日……貼畫雞戶上，懸葦索於其上，插桃符其傍，百鬼畏之。」此外，正月初一貼雞畫據說還有一個原因——這天是雞的生日。

因為雞吃蟲，古人還認為雞能避毒蟲。在《西遊記》中，就有昴日星官變成雙冠大公雞，降服蠍子精的情節。在陝西一帶，每年穀雨前後，各家各戶都會貼〈雞王鎮宅圖〉，並在穀雨這天早晨收集露水研成墨汁，在紙上畫一隻紅冠公雞，嘴啄一隻蠍子，蠍子身上塗上紅色顏料代表血跡，表示已被殺死。

浙江金華地區的百姓流行在端午節這天給小兒佩戴雞心袋。雞心袋用紅布縫製而成，裡面裝有茶葉、米和雄黃粉，據說可以驅邪祈福。

◆吉雞寓祥

舊時河北、山東等地的婚俗中，以長命雞為象徵吉祥如意的聘物。臨近嫁娶，男方備紅公雞一隻，女方備肥母雞一隻，母雞表示新娘為「吉人」。出嫁時，女方所備的雞一定要由自己未成年的弟弟或家中其他男孩抱著，隨花轎出發，並要在公雞未啼鳴之前趕到男家，寓以氣勢壓倒公雞，今後不受男人欺侮之意。男家將公雞交給抱雞人，由抱雞人把這兩隻雞一起拴在桌腿上，並不時打公雞，直到公雞有氣無力，民間認為這是妻子以後制服丈夫的象徵。這兩隻雞不得宰殺，故稱「長命雞」。

在東南沿海一帶還有「以雞代婿」的習俗，又稱「公雞拜」。成婚當天，如果新郎出海還沒有回來，男方家就用一隻紅公雞代替新郎拜堂成親，這隻雞被稱為「吉雞」。

陝西、山東等地，有立春日給小孩佩戴「迎春公雞」的習俗。迎春公雞又叫春雞，是年輕媽媽用碎布縫成的小公雞狀的佩飾，戴在孩子身上，寓意春吉。

由於雞象徵「吉」，頭上之「冠」又與「官」諧音，所以民間藝術作品，甚至畫家的畫作常以雞為圖案，取其美好寓意：畫一隻雞站在大石頭上，寓意室中大吉；雞旁畫一棵橘子樹，寓意是吉上加吉（「橘」與「吉」音相似）；將雄雞與雞冠花畫在一起，便是一幅「官上加官圖」，以祝升遷、騰達；畫一隻雄雞與五隻雞雛相戲於窠，以「窠」諧「科」，謂之「五子登科」，暗喻科舉考試中金榜題名。

雞還被當作生命力的象徵。民間常把小男孩的生殖器稱為「雞雞」。清代陝西鳳翔年畫〈人過七十古來稀〉中，畫著一位老翁抱著小孫子，用手撫弄著小孫子的生殖器，畫旁有題字：「人過七十古來稀，抱著孫孫手摸雞。」

中國民間還有一種比較常見的剪紙造型——「抓髻娃娃」。它是雞和娃娃的圖案組合，抓髻娃娃頭上有雙雞，肩上有雙雞，膝下有雙雞，雙手舉雞，可以說全身上下到處都是雞。抓髻娃娃常被貼在新婚夫婦的新房門窗上。據學者考證，它是生殖崇拜的產物。

◆雞與鳳凰

中國文化中，鳳凰是一種極為尊貴的動物，它常與龍成對出現，謂之「龍鳳呈祥」。在封建社會，皇帝和皇后便被比做龍鳳。

凡間的雞與想像中的神物鳳凰相比，似乎相差太遠，可實際上兩者卻有著極密切的連繫。《山海經》記述「有鳥焉，其狀如雞，五彩而文，名鳳凰」，實際上，雞是鳳凰形象的重要取材對象之一。《說文》中也提到，鳳凰形象中的長喙尖嘴取自於雞。古書《樂葉圖》稱「鳳凰至，冠類雞頭」，意思是說，鳳凰頭上的冠類似於雞冠。古書《桂海禽志》則記載了一種鳳，牠的頸毛類似雄雞。此外，雄雞與鳳凰還有一點相似，那就是兩者都善鳴。

中國有些俗語也提到了雞和鳳凰的關係，比如「雞窩裡飛出金鳳凰」、「鳳凰落架不如雞」等，說的就是，出類拔萃的雞會升格成為鳳凰，鳳凰也會降格俗化為雞。

總之，雞與鳳凰之間有著不盡的淵源，且這種緣分，如今還在延續。比如當下飲食行當裡，人們經常稱「雞」為「鳳」：雞爪是「鳳爪」，雞翅是「鳳翅」，雞腿為「鳳腿」。這雖是商家的營銷策略，但也是一種文化傳承。

第十一節　驍勇盤瓠

在中國，畲族、瑤族、苗族、黎族等少數民族都曾以狗為圖騰祖先，不過這種狗不是普通的狗，而是神奇的五色花斑狗，名為盤瓠（ㄏㄨˊ）。在晉朝乾寶的《搜神記》中，記有盤瓠祖先的故事。

古代部落首領高辛帝在位時，宮中有一個老婦人患耳疾，進行醫治時，醫生從她耳朵裡掏出一條蠶繭大小的「頂蟲」，就將頂蟲放在葫瓢上，用盤子蓋上。不久頂蟲就化作了一隻狗，五色斑斕。人們稱牠為「盤瓠」，飼養在宮中。

當時北方戎吳部落十分強大，經常侵犯邊境，高辛帝於是懸賞招募勇士，宣稱如果有人能夠取下戎吳部落首領的腦袋，就賞他黃金，封他爵位，並且把公主賜他為妻。

沒想到不久後的一天，盤瓠叼來一個人頭，送到王宮，高辛王仔細一看，正是戎吳將軍的頭。高辛王和大臣都很無奈，認為盤瓠雖然立了功，但牠是獸不是人，不應與公主成婚。

這時公主挺身而出，表示願意替父親兌現諾言，嫁給盤瓠，於是就跟隨盤瓠來到南山石屋中居住。

後來，高辛帝思女心切，曾上山尋訪，卻因為山中霧多而迷路。三年以後，盤瓠和公主生下來六男六女，在盤瓠死後，他們自相婚配。他們喜歡穿五色衣服，衣服後面都做有尾巴的形狀。

母親帶他們去中原拜見外祖父，他們衣著奇怪，言語奇特，吃飯時蹲著，喜歡山野，不喜歡城市。高辛帝就順從他們意願，賜給他們有山川河流的封地，並稱他們為「蠻夷」。

今日的一些少數民族中流傳的神話與之極為相似，比如瑤族就有這樣一則民間故事：

盤瓠是南越王養的一隻狗，南越王打仗的時候被俘虜，他的母親傳令說：「誰如果能救王回來，就把公主嫁給他。」盤瓠救回了南越王，娶到了公主。據說盤瓠白天是狗，晚上是美男，公主與他生下了六男六女，南越王賜給他們十二姓氏。

畲族的長篇敘事詩〈祖皇歌〉講述的是：

盤瓠取得敵人首級歸來後，有人給牠想了一個辦法，把牠放在金鐘內七天，牠就能夠變成人形，好迎娶公主。可是剛到六天的時候，皇后心急，就打開金鐘來看，這時候盤瓠身體已是人形，但頭還沒有變化過來，於是他就成了狗頭人身的模樣。盤瓠與公主結婚之後，生下了三男一女，高辛王分別賜他們籃、雷、盤、鐘四姓，分別是今天畲族四大姓氏的祖先。

瑤族人將盤瓠稱為「盤王」，認為人的生死貧富均由祂掌管。每到農曆六月十六，人們都要為盤王舉行隆重的祭祀大典，稱為「盤王節」。每逢天旱，人們也會向盤王祈禱。瑤族服飾也有圖騰崇拜痕跡，他們有時把上衣剪裁得前短後長，女子的腰帶故意後墜一截，這實際是在模仿狗尾巴。此外，這些民族都有不殺狗、不吃狗肉的習俗。

◆狗取穀種

狗對人類的恩澤，不止看家護院，在神話傳說中，連人類賴以生存的穀種都是牠請求天神賜予的。衛拉特蒙古人中流傳著一個關於雪、狗和莊稼的傳說：

很早以前，天神經常給人們下麵粉，人們過著無憂無慮的生活。但是日子長了，人們便任意浪費、糟蹋麵粉。有一個懶婆娘竟然用麵粉給兒子擦屁股，天神見了，一怒之下收回了麵粉，從此開始在人間下雪。狗看到人們挨餓受罪，就向天神請求賜些糧食。天神看到狗對人的忠實，非常感動，就從天上扔下三個穗的糧種。從此人類有了糧種。

壯族也有類似的民間故事，故事的名字叫做「穀種和狗尾巴」：

很久很久以前，人間沒有穀子，人們餓了就吃野獸和野果。後來，人越來越多，東西不夠吃了，人類面臨死亡的威脅。聽說天上有能吃的穀子，人們就派一條九尾狗上天去尋找。

九尾狗來到天上，用九條尾巴在晒穀場的穀堆上掃來掃去，使狗尾絨毛上沾滿了穀粒。正當九尾狗往回走時，守護穀子的天神看見了，操著斧頭追了上來。天神一口氣砍斷了狗的八條尾巴，狗忍著疼痛，拚命衝出天街，回到人間。

人們拿著唯一僅存的狗尾巴上沾著的穀種去播種，長出的穀穗也像狗尾巴，從此稻穀的種子就在人間傳播開了。

為了紀念「狗取穀種」的恩情，不少民族還產生了狗嚐新米的感恩習俗，如壯族人在每年糧食作物收穫時，蒸出來的第一鍋米飯要先餵狗。

◆天狗吃日月

日食和月食本是自然現象，可古人不了解其中奧祕，便以為是有什麼動物在吞食它們。這種動物最先被認為是蟾蜍，後來成了天狗。郭沫若先生有一首著名的詩歌〈天狗〉：

「我是一隻天狗呀！我把月來吞了，我把日來吞了，我把一切的星球來吞了，我把全宇宙來吞了。我便是我了！」

天狗吃日月的想法，不僅漢族人有，苗族、傈僳族、白族、蒙古族、滿族等少數民族也有，如苗族的神話史詩〈金銀歌〉就講了這樣一個故事：

英雄昌札在鬥爭中射傷了日月，人們請求天狗給日月療傷，並且答應牠，事成之後給天狗五十斤稻穀。然而，人們並沒有實現自己的諾言，於是每當天狗饑餓時，牠就去咬太陽或月亮，於是就會發生日食或月食。

太陽和月亮的重要性不言而喻，所以每當發生日食或月食時，人們都會想盡辦法幫助它們逃脫天狗的嘴巴。浙江寧波有條諺語「天狗吃月亮，地下放炮仗」，湖南懷化人說「天狗吃月，臉盆子敲缺」，人們認為，透過放炮仗、敲臉盆等弄出的響聲會嚇到天狗，這樣牠就會把吞掉的日月吐出來。

中國少數民族中也有類似風俗，如蒙古族看到日食或月食，就會向著日月喊叫或者敲打鐵器以趕走天狗；西藏的僜人會在巫師的帶領下向著天空大喊，並且敲擊竹筒為太陽和月亮驅狗。

古人認為，天狗除了有吞食日月的罪狀之外，還會導致婦女不育。從前許多婦女都在家中供奉「張仙」畫像，稱為「送子張仙」。畫上的「張仙」是一位戴角巾、穿袍服的美男子，他手執彈弓，仰頭對天做瞄準狀，據說他是在用彈弓去射殺「天狗」。按照北方過去的習俗，供奉「張仙」的供品除了香花酒餚，還要有一盤用生麵揉成的圓球，以供他作為射殺「天狗」的彈丸。

◆以狗祭祀

狗還是古人祭祀時最常用的動物之一，早在周代，朝廷就設有「犬人」職務，專門負責掌管用於祭祀的狗。根據古書記載，風是天帝的使者，祭祀時需要用兩條犬。三國時期也有人在書中提到，「父母死亡，殺犬祭之。」

原始巫術中，狗還常被作為避邪和詛咒之物。在民間觀念中，狗是地的守護神，所以狗血被認為具有巫術功能，漢語中「狗血噴頭」、「狗血塗門」這些說法，其實都是源自早期巫術。

◆石狗和食狗

中國人既有崇拜狗的習俗，也有食用狗的習慣，有趣的是，這兩種風俗在隸屬廣東省的雷州半島這個地方繁榮並存。

雷州半島有著獨特的石狗文化，農村鄉野、村頭巷口、門前塘邊、古墓祠前，只要有建築、有大門的地方，就有石狗蹲立。據粗略統計，雷州現存的古石狗有一萬五千至兩萬五千個，被人們稱為散布民間的「雷州兵馬俑」。

據說，石狗文化的源頭是古老的狗祖崇拜，後來隨著時代演變，石狗從圖騰神物的地位下降到靈物，並一直流傳下來。

狗也是人類重要的肉食來源之一。孟子云：「雞豚狗彘之畜，無失其時，七十者可以食肉矣。」他將狗肉與雞肉、豬肉相提並論。時過境遷，今天人們食用狗肉已遠不像食用豬肉一樣普遍。不過，有些地方的食狗之風還是非常盛行的，而雷州半島堪稱代表。

雷州半島有句俗語：「狗肉滾三滾，神仙站不穩」，可見狗肉對於雷州人的誘惑力。在雷州的大小鄉鎮、街頭巷尾，狗肉食鋪比比皆是。狗肉檔內，數條光鮮發亮的熟狗，被掛在顯眼的地方招徠顧客，儘管狗頭猙獰，狗牙畢露，但並不影響人們的食慾。食客三五成群，圍在小桌旁，一盤狗肉，半瓶米酒，慢斟細酌，談天說地，別有一番風味。

雷州人既尋求狗的庇護，又難以捨棄狗肉美食的誘惑，中國人又何嘗不是如此？在狗這種生靈的身上，中國人對於神靈的實用主義態度充分顯現了出來。

第十二節　亥豬送福

古人說，「無豕不成家」，可見豬對於一個家庭來說多麼重要。不過「家」字中的「豕」，不僅實指一頭豬，更代表了財富。從原始父系氏族時代直到近代，豬一直是人們誇耀財富的象徵。在民俗觀念中，也以豬作為富裕的象徵。

「肥豬拱門」是民俗藝術作品最喜聞樂見的題材之一，過去在河北，一直都有春節期間貼「肥豬拱門」窗花的習俗。這種窗花用黑色蠟光紙剪成，豬背上馱著一個聚寶盆，張貼時最好左右窗戶各貼一張，有招財進寶之意。

然而，據說肥豬進門並非一直被認為是好事，早先的時候，人們曾以之為不祥之兆，民間甚至有俗語說「豬來貧，狗來富，貓來開金庫」。那麼，人們的觀念是怎樣扭轉過來的呢，下面這個民間故事解釋了其中緣由。

過去民間有許多禁忌，如豬進家門、黃昏雞鳴，人們都認為是不祥之兆，一旦豬突然進家，這家人一定要割掉豬的耳朵；黃昏雞叫，這家人肯定會殺了這隻雞。

不過，後來人們改變了這種看法。有個叫王隆的人，有豬進了他家的家門，家裡人剛割了豬耳，就聽說有神降臨在伍氏家裡，附在伍氏身上說話。王隆就到伍家問詢禍福：「豬進家門可以嗎？」神回答說：「豬進門百福臻。」王隆又問：「要是割了豬耳，又會怎樣？」神回答說：「你會被箭射傷。」

第二天，王隆去觀看別人射豬，果然被人誤傷了臂膀，人們都覺得這件事很奇怪。說來也巧，王家豬剛進門，又有沈家黃昏雞叫。沈家也去問神，神說：「黃昏雞叫，百福日躋。」於是，沈家的日子一天好似一天。

聽說了王、沈兩家發生的事情後，人們就再也不怕豬進門、黃昏雞叫了，而是唯恐豬不進門、黃昏雞不叫了。

◆亥豬送福

豬一般被人認為是一種福氣多多的動物。牠不用像牛馬一般辛勤勞作，卻不愁吃喝；牠的外貌也極有福相，肥頭大耳，大腹便便，一看便知養尊處優，無憂無慮。正因如此，民間認為，屬豬的人也跟豬一樣有好命，這是「亥豬送福」的第一層含義。

幸福與財富密切相關，既然豬是財富的象徵，也順理成章地成了福氣的代表，所以民間有「豬進門，百福臻」的說法，這是「亥豬送福」的第二層含義。

「亥豬」所帶來的福氣，還有不少種類，這在一些喜慶的民俗場合有所體現。臺灣高山族「豬肉皮擦嘴」的習俗。小孩出生後幾天，家長就用一塊燒烔的豬肉皮，先擦一擦小孩的嘴，然後，全家人也用這塊肉皮擦嘴。這種習俗一是說明家裡添了人口，並且開始和全家人一起吃飯了；二是希望孩子將來吃上好東西，過上好日子，表達了長輩對孩子的祝福。

陝西一帶有送豬蹄的婚俗。結婚前一天，男方要送四斤豬肉、一對豬蹄到女方家，稱「禮吊」。女方將「禮吊」留下後，還要將豬前蹄退回。婚後第二天，夫妻要帶雙份掛麵及豬後蹄回娘家，留下掛麵，後蹄退回，俗稱「蹄蹄來，蹄蹄去」，表示今後往來密切。

雲南西雙版納的布朗族，在婚禮的當天，男女兩家要殺豬請客。除請客外，還要將豬肉切成小塊，用竹竿串起來分送各家，以示「骨肉之親」之意。

廣東潮州也有吊豬的婚俗，即迎親時在花轎前必須吊一塊肥豬肉，以保平安。

亥豬帶來的福氣之中，最被人期盼的當是如下這種：據傳從唐代開始，殿試及第的進士們相約，如果他們中間有人今後任了將相，就要請同科的書法家用「朱書」，即紅筆，題名於雁塔。由於「豬」與「朱」同音，豬又成了青年學子金榜題名的吉祥物。每當有人赶考，親友們都會贈送紅燒豬蹄，預祝赶考人「硃筆題名」。這一回，豬又成了前途和功名的使者。

◆豬靈崇拜

既然談到豬，便不能不提野豬，牠也為提升豬在中國文化中的地位做出了不小的貢獻。別看家豬性情溫順，野豬卻非常凶暴，擅長搏擊。

獵人們曾給林中猛獸的氣力排過隊——「一豬二熊三老虎」，古人們也將所見識到的野豬的勇猛反映在了藝術品中。雲南晉寧石寨山的西漢墓曾出土「二豹襲豬」扣飾和「二虎襲豬」扣飾，圖案中的豹與虎雖然窮凶極惡，且在數量上占據優勢，但野豬沉著應戰，絲毫不懼，並未處於下風。

野豬如此神勇，古人自然而然地對之產生了敬畏和崇拜之情。上古神話中，有不少豬頭人身或者人面豬身的神怪，僅《山海經》中所記載的就有四十多個，牠們無疑是古人以野豬為原型，加以想像創造出來的。在這些豬神、豬怪當中，最有名的莫過於封豨。

傳說封豨生活在堯的時代，牠是一頭長著長牙利爪的大野豬，力氣比牛還大。牠盤踞在桑林裡，不僅毀壞莊稼，而且吃人和家畜，桑林一帶的百姓對牠又恨又怕。後來，堯派羿去為民除害，羿神箭連發，射傷封豨，將其生擒活捉，百姓皆大歡喜。

兇猛的封豨還一度成為圖騰，考古學家在距今六、七千年的浙江餘姚河姆渡文化遺址、太湖馬家浜文化遺址，都曾發現以封豨為原生圖騰的文化遺存。

◆野豬圖騰

中國的少數民族很多都有豬圖騰崇拜。契丹人曾生活在遼河流域，他們的民族起源神話中有這樣的描述：

> 在遙遠的年代，契丹有一位首領，頭戴野豬頭，身披野豬皮，住在穹廬中，無事不出廬。後來妻子把他的豬皮藏起來，他就從此隱沒無蹤了……這個人就是契丹始祖。

在彝族創始神話中，野豬甚至是闢地英雄之一：

相傳，很久以前，格茲天神從天上放下九顆金果，變成九個兒子，他讓其中的五個去造天；又放下七顆銀果，變成七個女子，他又讓其中的四個去造地。造天的兒子們好吃懶做，造地的女兒們勤勤懇懇。結果，天地造出來了，卻天造得小，地造得大，天蓋不住地。

格茲天神讓阿夫來解決這個難題。阿夫便叫三個兒子抓住天邊往下拉，把天拉得又大又凹。阿夫又放下三對麻蛇，圍著地箍攏來，放下三對螞蟻去咬地邊，放三對野豬、三對大象去拱地，把地拱出了高地深溝，於是就有了高山、壩子，有了大海、河流。

野豬的闢地傳說不僅出現在少數民族神話中，中國先秦哲學家、道家代表人物莊子在《大宗師》中講述的諸神創造世界的神話中，第一個出場的「稀韋氏」，就是祂將天地分開，之後伏羲、日月、黃帝、西王母等神才得以施展身手。根據學者考證，「稀韋氏」就是一種具有神力的豬。

◆豬龍聯袂

中國不少地區曾出土類型相似的豬圖騰遺留物，內蒙古趙寶溝小山文化遺址出土了豬首蛇身龍紋圖案的陶器，屬於紅山文化的翁牛特旗三星他拉村和遼寧牛梁河都出土了豬龍形玉飾，這些文物的共同點是將豬與龍的形象結合在同一圖案中。

豬與龍的聯袂出現，引起了人們的無限遐想。有人說，豬的龍化是豬圖騰崇拜的氏族在部落融合過程中，受到龍蛇圖騰影響的結果。也有人說，「玉豬龍」是一種祭祀用品，古時候人們要祭祀龍，而豬是最常用的祭祀品之一，所以在古人的思維之中兩者關係密切。還有人說，龍本來就是一種虛擬的動物，牠的形象脫胎於大型動物，而這種大型動物可能就是野豬。

根據古書記載，在古人心目中，豬是「水畜」。古代神話傳說中的水神、水怪多是豬形，豬與雨水也有著密切連繫。古時候，豬曾被當成雨神，而遼寧至今還流傳有「豬渡河，來朝雨兒多」的諺語；另外，古代傳說中的雷神形象也常是豬首人身。

豬將水神、雨神、雷神三職兼於一身，而龍恰恰也是，可見兩者的聯合絕非偶然。民間故事中，有一種跟豬和龍都有關係的神怪，名為「豬婆龍」。在江蘇無錫，有這樣一個傳說：

豬婆龍生於東海，龍身豬首，由於觸犯天條被罰下人間，變成人形化名張勃。後來無錫大旱，人們為緩解旱情想盡辦法，最後豬婆龍趁人不備，變回原形幫人們開鑿水道。

為了紀念豬婆龍的恩情，無錫人以每年農曆二月初八為張勃生日，並在它開鑿的水道附近建了「張元庵」，年年供奉，香火不斷。

《聊齋志異》中也提到了「豬婆龍」，不過牠「產於西江，形似龍而短，能橫飛」。

◆天蓬元帥豬八戒

如果要為中國的豬文化尋找一位形象大使，在豬家族中，名氣最大的豬八戒，無疑是最合適的人選。

《西遊記》中的豬八戒，原是天庭中統領十萬天河水兵的天蓬元帥，因調戲嫦娥被貶下凡，不幸錯投了豬胎。根據學者考證，豬八戒的出現與中國人的豬靈崇拜密切相關，他是吳承恩以民間觀念和民間故事中的豬精形象為原型創作出來的。

豬八戒的形象雖不完美，但他深得中國人喜愛。他身上不僅集中了中國人印象中豬的缺點，連某些人類的缺點也有所投射：他好吃懶做、嫉妒搶功、耍滑頭、好色，是《西遊記》中惹人發笑的丑角。

民間流傳有不少關於豬八戒的俗語，如「豬八戒照鏡子——裡外不是人」、「豬八戒不成仙——壞在嘴上」、「豬八戒西天取經——三心二意」等。

豬八戒缺點固然多，但也有不少可愛的優點。他善使鐵耙，極通水性，有三十六般變化；他知錯能改，常在關鍵時刻助孫悟空一臂之力；他雖然好色，但是對喜歡的女子卻呵護備至、誠心誠意。時代發展到今天，在網路上，他還被女性評為「最佳人生伴侶」呢。

第四章 十二生肖的命理探析在

傳統文化中，生肖猶如一組有待破解的密碼，涉及每個普通人生活的方方面面。時至今日，還有一些生肖俗信頗具影響力。

第一節 生肖與本命年

本命年的說法，最早出現於漢朝。它是指十二年一遇的農曆屬相所在的年分，俗稱「屬相年」。比如屬鼠的人，每逢鼠年，便是他的本命年。

俗語說，「本命年犯太歲，太歲當頭坐，無喜必有禍」，在中國文化中，本命年被認為是不吉利的年分，故民間又稱之為「坎兒年」。

現代人的平均壽命在七十五歲左右，因而一生中大概要邁過六個「檻兒年」。古時候，人的壽命要短一些，因而到了人生的第五個本命年，古人便既覺慶幸，又不免心驚。

唐代詩人白居易就在六十花甲時一連賦詩五首，題為〈七年元日對酒〉，其中後兩首寫道：「今朝吳與洛，相憶一欣然。夢得君知否，俱過本命年。」「同歲崔何在，同年杜又無。應無藏避處，只有且歡娛。」

白居易以為自己在第五個本命年時已無處藏避，而民間認為，本命年不順是有禳解之道的。紅色，是太陽的顏色、血的顏色、火的顏色，中國人對紅色推崇備至，認為它能夠闢邪，過年、結婚等講求吉祥順利的重要場合，人們都需要紅色唱主角，本命年也不例外。

在南北民俗中，都有在本命年掛紅避邪躲災的傳統。在大年三十，逢本命年的人，不論大人小孩，都早早地換上紅色的內衣內褲，紮上紅腰帶，最好再佩戴一些紅色飾物，如紅絲繩、紅項圈等，這也就是人們常說的「本命紅」。

需要注意的是，這「本命紅」也有一些講究，比如紅色內衣內褲一定要別人送，據說自己買的就沒有闢邪的功效；身上繫的紅絲繩一般要戴一整年，直至新的一年來臨。

在一些地方，本命年的除夕晚上忌出門。這一天，值本命年的人從太陽落山開始就要閉門不出，直到第二天太陽升起。已婚男子還要由婦人陪伴。

人逢本命年還有拜祭「本命神」以求延壽的風俗。本命神的說法來源於道教，道教的「本命年」觀念雖然取自於民間，卻與之有所差別，它是指本人出生的六十甲子干支之年，也稱「本命元辰」。如某人出生於甲子年，那麼甲子即是其本命元辰，甲子年即是其本命年。

道教認為，六十甲子即六十星宿，將六十甲子人格化，便成了六十元辰星宿神。在北京著名的道觀白雲觀中，就有一座元辰殿。殿中六十尊神像以生肖動物取形，文、武、長、幼形態各異，且各有姓名，如甲子太歲金辨大將軍、乙丑太歲陳材大將軍等。許多民眾逢本命年時，便來到自己的本命神前燒香、叩頭、施金，以求消災獲福，民間又稱本命神為「求順星」或「保護神」。

過本命年，不單是漢族人的習俗。中國古代少數民族契族丹族人也會以過本命年的方式來慶祝始生，遼代時，這種儀式稱為「再生禮」或「復誕禮」。那時候，契丹人已使用生肖紀年，每逢本人生肖這一年，就要舉行儀式來紀念，以報答母親的養育之恩。

藏族不僅人過本命年，連雪山神湖也享有同樣的待遇。二〇〇三年是藏曆水羊年，也是藏族八大神山之首——梅里雪山的本命年，梅里雪山位於雲南省，它過本命年的時候，西藏、四川、青海等其他地區的眾多藏民，也特地來到雪山腳下轉經。他們以無限虔誠、不畏艱險的品格，成為雪山腳下一道獨特的風景。

第二節　生肖與年成

中國是一個農業大國，自古以來，老百姓靠天吃飯。正因如此，古人非常希望能夠掌握年成變化的規律，以便順利開展農耕生產。於是，人們不免會揣測和觀察諸多因素與年成的關係，而生肖作為一種紀年方式，自然也在他們的考慮之列。

直到今天，民間仍流傳著不少與生肖相關的農諺，如「牛馬年，好種田」，「羊馬年，廣收田」，「就怕雞猴餓狗年」等，不少老百姓也會參照這些農諺來安排農事生產。

透過觀察，古人發現天體運轉對於地球自然環境變化存在週期性的影響。根據學者研究，先人對生肖與年成關係的認知，也確有幾分依據。

早在春秋時期，越國大夫文種（又名計倪）便在其所著的《計倪子》一書中，總結出了如下規律：「太陰三歲處金則穰，三歲處水則毀，三歲處木則康，三歲處火則旱……天下六歲一穰，六歲一康，凡十二歲一饑，是以民相離也。故聖人早知天地之反，為之預備。」

所謂太陰，指的是木星，而在五行裡，金代表西方，水代表北方，木代表東方，火代表南方，所以上面這段話所表達的意思是——當木星位於西方的三年時，農作物豐收；當木星位於北方的三年時，將發生水澇災害，農作物減產；當木星位於東方的三年時，農業收成好，人們生活安康；當木星位於南方的三年時，將出現旱災，農業收成不好。人們只要掌握了這種規律，就可以提前做好準備，並由此獲得豐厚的經濟利益。

在漢代的《淮南子．天文訓》中，也有類似的表述：「歲星之所居，五穀豐昌，其對為沖，歲乃有殃，故三歲而一饑，六歲而一衰，十二歲而一康。」歲星指木星，也就是說，古人認為影響地球上農作物生長規律的是木星，而其變化的大週期為十二年，小週期為三年或者六年。

古人的認知與現代科學研究結論是有吻合之處的。科學家發現，對地球氣候影響較大的，實際是太陽黑子的活動，它的週期約為十一年，所以古人說農作物的豐歉以十二年為一個週期是有道理的。

至於古人認為影響地球的天體是木星的理由，有人說，木星圍繞太陽公轉的週期為十一點八六年，與太陽黑子的活動週期相接近，古人無法觀測到後者，所以產生了誤解。

根據現代氣象學觀測，在地球氣候變化的十二年週期之內，也還有小幅的變化週期。古人顯然觀察到了這種現象，並將這個週期歸納為三年或六年。對此，現代科學尚未得出確切結論，不過旱澇年分確實是交替出現的，所以「牛馬年，好種田」這句諺語也有一定道理。

與漢族類似，中國古代少數民族中，也有認為生肖年分與年成有關的。如柯爾克孜族人認為，虎年往往寒冷，河裡的水多半會結冰。因此，他們會根據不同的年分特徵來安排生產生活。

皇曆是中國古時的曆書，它以五行相剋理論推出每日的吉凶和宜忌。舊時它是百姓家中的常見之物，今天人們提到過去的事時還常打趣地說：「多少年前的老皇曆了。」在皇曆上面，大多印有十二生肖圖。它還有「歲時記事」一欄，標著「幾牛耕田」、「幾龍治水」等字樣：每年的第一個丑日在正月初幾，就是「幾牛耕田」；每年的第一個辰日在正月初幾，就是「幾龍治水」。這些字樣有預測年成之意。

牛是農業的好幫手，所以耕田的牛越多，預示著收成就越好。可是龍多了卻不一定是好事，「七龍治水」或「八龍治水」是風調雨順的年頭，而當龍的數目超過了十條，民間認為可能會出現兩種情況：一種是眾龍分工不明確，誰都不願意幹活，於是形成旱災；另一種是每條龍都安分守己地降雨，造成洪災。

第三節　生肖與姓名

對於中國人來說，姓名不只是一個簡單的代號，它寄託著長輩對於小輩的期望，表現的是人的情、意、志，蘊含的是人的精、氣、神。古人甚至認為，姓名對人的智力、健康、婚戀、前途等各方面都有著一定的影響。人們常說「名不正則言不順」，一個名字取好了，不僅叫起來響亮，據說還能補命之不足。

於是，當一個新生兒誕生時，家庭成員一定會反覆推敲思索，希望取個能保一生平安的好名字。取名有許多講究，比如名字的諧音和含義最好取吉祥之意，名字與姓氏的搭配要和諧，當然，生肖也是古人為孩子取名時參考的一個重要方面。

用生肖來起名的人，最著名的莫過於明代的風流才子唐伯虎了。他擅長詩文，畫名更著，與祝允明、文徵明、徐禎卿並稱「江南四才子」。唐伯虎的大名為唐寅，伯虎是其字，之所以如此取名，是因為他生於寅年寅月寅時。而宋朝著名文人鄒應龍，他之所以取名「應龍」，是因為他生於宋乾道八年壬辰年（1172 年）。

龍、虎等神氣十足的字眼當然方便取進名字，可其他屬相的人怎麼辦呢？這可難不倒老百姓，過去，民間流行給孩子取乳名，且認為取賤名為好，這樣好養活，於是屬狗的孩子可以取名「小狗子」，屬豬的可以叫「豬娃」等。著名作家老舍屬狗，乳名就叫「小狗尾巴」，而現代畫家葉淺予出生於羊年，乳名是「阿羊」。

少數民族中用屬相來取名的情況也有不少。如新疆柯爾克孜族中，屬牛男孩的名字常綴上「克郎」，意思是牛。上面所提到的例子，還只是生肖取名的冰山一角。古人用屬相命名的講究，複雜程度可讓現代人瞠目結舌，他們甚至有一套「十二生肖宜忌命名法」。下面以肖鼠人的取名宜忌為例進行詳細介紹，其他屬相命名法僅簡要提及。

肖鼠年生人，取名宜有「八」或「宀」（或部首內包含），預示環境良好，名利雙收，清雅榮貴；

有「米」、「豆」、「魚」，則福壽興家，子孫鼎盛；

有「艹」、「金」、「玉」，則精明公正，操守廉正；

有「亻」、「木」、「月」，則貴人明現，克己助人；

有「田」，則快樂待人，一生清閒；

有「山」，則孤獨，六親無緣，離祖成功；

有「刀」、「力」、「弓」，則不利家庭，晚婚遲得子大吉；

有「土」，則不利健康或憂心勞神；

有「忄」，多不順或作風果斷；

有「石」，不利健康；

有「皮」、「氵」、「馬」、「酉」、「火」、「車」，忌車怕水或易犯法。

屬牛者，宜用「氵」、「艹」、「豆」、「米」、「宀」、「冖」、「亻」等部首，忌用「月」、「火」、「田」、「車」、「馬」、「石」、「刀」等部首。

屬虎者，宜用「山」、「金」、「木」、「氵」、「月」、「馬」等部首，忌用「日」、「火」、「田」、「糸」、「刀」、「弓」等部首。

屬兔者，宜用「月」、「艹」、「山」、「田」、「豆」等部首，忌用「馬」、「車」、「石」、「刀」、「力」、「川」等部首。

屬龍者，宜用「氵」、「金」、「玉」、「魚」、「酉」等部首，忌用「土」、「木」、「田」、「石」、「火」、「和」等部首。

屬蛇者，宜用「艹」、「虫」、「豆」、「酉」、「木」、「田」、「山」、「徒」等部首，忌用「小」、「刀」、「血」、「慕」、「父」等部首。

屬馬者，宜用「艹」、「木」、「禾」、「豆」、「米」、「土」等部首，忌用「田」、「日」、「火」、「車」、「馬」等部首。

屬羊者，宜用「艹」、「木」、「禾」、「米」、「田」、「氵」等部首，忌用「車」、「小」、「犭」、「山」、「火」等部首。

屬猴者，宜用「木」、「禾」、「金」、「玉」、「山」、「月」等部首，忌用「火」、「石」、「宀」、「糸」、「刀」、「皮」等部首。

屬雞者，宜用「米」、「豆」、「虫」、「禾」、「宀」、「田」等部首，忌用「石」、「犭」、「刀」、「日」、「糸」、「車」、「馬」等部首。

屬狗者，宜用「豆」、「米」、「宀」、「馬」、「金」、「玉」、「木」、「亻」等部首，忌用「火」、「石」、「糸」、「山」、「刀」等部首。

屬豬者，宜用「豆」、「米」、「亻」、「氵」、「禾」、「土」、「宀」等部首，忌用「糸」、「石」、「刀」、「力」、「血」等部首。

仔細觀察這些取名宜忌，便能發現，它們實際是由生肖動物的習性引申出來的。

第四節　生肖與婚葬

結婚是人生大事，所以中國人對它慎之又慎，這在舊時婚姻上尤為明顯。

周代以來，男女婚姻就有「六禮」之說，即納采、問名、納吉、納徵、請期、親迎，這是結成一段婚姻所需的六道程序，其中前兩道是決定能否婚成的關鍵：「納采」指男方家請媒人去女方家提親，女方家答應議婚後，男方家備禮前去求婚；「問名」指男方家請媒人問女方的名字和生辰八字，以占卜男女雙方結婚是否適宜。

人的屬相包含在生辰八字之中，所以屬相是否相配，生肖是否相剋，也是被參考的重要標準。

生肖屬相的相生相剋，與五行相生相剋之道相關。五行是中國古代樸素的唯物主義思想，認為世界是由金、木、水、火、土這五種元素構成的。一方面，它們之間存在著相生的關係，即木生火，火生土，土生金，金生水，水生木，「生」就是有益、促進、幫助的意思；另一方面，又存在著相剋的關係，即木剋土，土剋水，水剋火，火剋金，金剋木，「剋」就是損害、不利的意思。

古人將十二地支也劃歸五行之中：寅卯為木，巳午為火，申酉為金，亥子為水，辰未戌丑為土。用十二地支的五行所屬再去套生肖，於是，屬木的為虎、兔；屬火的為馬、蛇；屬水的為鼠、豬；屬金的為猴、雞；屬土的為牛、龍、羊、狗，推而論之，生肖之間也就有了相生相剋的關係。

上面的那一套，推算起來很麻煩，怪不得古人乾脆將生辰八字的具體測算工作交給方家術士去處理，而自己只掌握最簡單而關鍵的原則。

老百姓心中最根深蒂固的屬相配對原則，還要數「六合六沖」。「六合」指鼠與牛為合，虎與豬為合，兔與狗為合，龍與雞為合，蛇與猴為合，馬與羊為合；「六沖」指鼠與馬相沖，牛與羊相沖，虎與猴相沖，兔與雞相沖，龍與狗相沖，蛇與豬相沖。過去，人們選擇婚姻對象時，一定會趨六合、避六沖。今天，還有生肖文化愛好者以傳統文化為依據，將「六合」觀念編成了詩歌：

紅蛇白猴滿堂紅，合婚相配古來興，大婚相對子孫有，福壽雙全多康寧。
黑鼠黃牛正相合，結交匹配不岔脫，兒女百年多長久，富貴榮華福祿多。
紅馬黃羊兩相宜，這等婚姻不累罪，日子豪富久長在，子孫壽祿更奪魁。
青兔黃狗古來有，合婚相配到長久，家門古慶福壽多，萬貫家財足北斗。
青虎黑豬上等婚，男女相合好來因，財祿豐盆當事順，人口興狀有精神。
黃龍白雞更相投，出門發財好來由，兒女滿堂子孫廣，福壽長綿永不休。

除「六沖」之外，在民間婚配禁忌中，又有「相害」之說，即認為屬於相害生肖的兩個人結親是犯了大相，為下下等的婚配。為方便記憶和傳承，老百姓把這種禁忌也編成了民謠，下面這首民謠流傳已久：

自古白馬怕青牛，羊鼠相交一旦休。
蛇虎婚配如刀錯，兔見龍王淚交流。
金雞玉犬難躲避，豬與猿猴不到頭。

還有許多婚配禁忌，用諺語的形式表現出來，如「龍虎相鬥，必有一傷」，「兩隻羊活不長」，「兩虎不同山」，「青龍剋白虎」，「虎鼠不結親」等。

生肖婚配對女性的要求比對男性苛刻，尤其是對屬虎和屬羊的女性。對於女方屬虎的禁忌，民間有「虎進門，便傷人」的說法，夜間出生的屬虎女子，忌之尤甚，因為老虎總是夜間出來吃人的。民間還將夜間出生的屬虎女子，分為前半夜出生的「下山虎」和後半夜出生的「上山虎」，認為「下山虎」比「上山虎」更加凶險：「下山虎」是找食吃的，一定傷人；「上山虎」則已經吃飽，不一定再為害了。因此，過去很多男方家庭不願找屬虎的女子做媳婦。

對於屬羊女的命運，民間流傳有順口溜：「女屬羊，命根硬，剋夫剋爹又剋娘」。俗語「十羊九不全」，意思是屬羊的人命不好，十個中有九個家人不全，不是小小的沒有父母，就是中途喪偶，或者沒兒沒女。正因如此，從前一些屬羊的女子為了能嫁得出去，只得加一歲謊稱屬馬，或者是減一歲謊稱屬猴。

過去有的地方在合婚之前，不只注意對方的生年，還要挑剔對方的生月。一些屬相生在特定月分，被稱為「犯月」，不吉利。民間有歌謠：

正蛇二鼠三月牛，四猴五兔六月狗，
七豬八馬九月羊，十月老虎站山頭，
十一月裡金雞叫，臘月裡來老龍囚。

有些地方的生肖婚配俗信，已不僅限於婚配雙方，還波及旁人。過去，青海河湟地區將生肖分為四組：猴鼠龍、蛇雞牛、虎馬狗、豬兔羊，劃歸一組者為相合，並流行「馬前三煞，馬後貴人」的婚俗。

「馬」指值年生肖，值年生肖之前的那個生肖及其相合的兩個生肖被稱為「馬前三煞」，屬於避相，凡屬這三相的眷屬（包括娘家和婆家），從新娘出閨到入洞房，不得與新娘接觸；值年生肖之後的那個生肖及其相合的兩個生肖為「馬後貴人」，護送新娘則用此三相之人。屬相既非「馬前」、又非「馬後」的人，叫做「散相」。如果「馬後貴人」

湊不齊，可用「散相」之人湊數。

在婚姻習俗中，除了人與生肖有關，結婚的日子與它也有關係。請期，俗稱「看日子」，也是結婚之前必辦的一道手續。據說嫁娶的日子能影響婚姻當事人的一生禍福和家庭興衰，所以，民間非常重視。結婚「看日子」有些宜忌跟生肖相關。首先，是本命年不結婚，否則會對婚姻不利。

另外，還有「禁婚年」的說法。男性的禁婚年是：子年禁蛇相，丑年禁馬相，寅年禁羊相，卯年禁猴相，辰年禁雞相，巳年禁狗相，午年禁豬相，未年禁鼠相，申年禁牛相，酉年禁虎相，戌年禁兔相，亥年禁龍相。女性的禁婚年為：子年忌兔相，丑年忌虎相，寅年忌牛相，卯年忌鼠相，辰年忌豬相，巳年忌狗相，午年忌雞相，未年忌猴相，申年忌羊相，酉年忌馬相，戌年忌蛇相，亥年忌龍相。

避開「禁婚年」之後，還要擇定月分。多以女方的「生辰八字」為準。按舊時「婚書」規定，每個屬相在一年中，有兩個「大利月」和兩個「小利月」。「大利月」的口訣是：

正、七迎雞兔，二、八虎和猴，

三、九蛇與豬，四、十龍狗行，

五、冬牛羊出，六、臘鼠馬同。

「小利月」的口訣是：

正、七迎龍狗，二、八牛羊行，

三、九鼠馬走，四、十雞兔迎，

五、冬虎猴出，六、臘蛇豬同。

為了大吉，人們多使用「大利月」。萬一在「大利月」裡因故不能完婚，就只得在「小利月」裡找好日子了。

與生肖相關的婚姻習俗不僅漢族有，也存在於少數民族中。過去傈僳族也相信「六沖」，認為這六種對沖的屬相不能結婚，否則容易多病或者死亡，必須祭祀專門掌管生肖沖害這類事情的「屈臘尼」。由於採用生肖紀日，傈僳族人在選擇結婚的日子時也要參考生肖，他們一般將訂婚日期選在屬鼠、虎、蛇、猴、雞、豬日，而結婚日期則只能在鼠、猴、蛇三日之中選擇。

紅白喜事，總有關係，既然婚事與生肖密切相關，喪事也是此理。在介紹生肖兔時已經提到，選擇墓地時，「蛇盤兔」的地形非常受歡迎。《金瓶梅》第六十二回寫西門慶的第六房妾李瓶兒染病將亡，請來潘道士禳解，潘道士問明李瓶兒屬羊，年二十七，就要為她祭本命星壇，具體方法是：

「就是今晚三更正子時，用白灰界畫，建立燈壇，以黃絹圍之，鎮以生辰壇斗，祭以五穀棗湯，不用酒脯，只用本命燈二十七盞，上浮以華蓋之儀，餘無他物。官人可齋戒青衣，壇內俯伏行禮，貧道祭之，雞犬皆開去，不可入來打攪。」

而李瓶兒死後，西門慶為其置喪時，徐先生所批殃榜（舊時陰陽家開具死者年壽及回煞等事的文件）中又提到了「入殮之時，忌龍、虎、雞、蛇四生人」這樣的喪俗忌諱。

第五節　生肖與性情命運

十二種生肖動物都有自己的優點和缺點，因此，十二生肖兩兩相對、六道輪回，體現了我們的祖先對生命的期望。

第一組是鼠和牛。鼠代表智慧，牛代表勤勞。如果只有智慧不勤勞，就變成了小聰明；光是勤勞，不動腦筋，就變成了愚蠢。所以，兩者一定要結合，這是祖先的第一組期望和要求，也是最重要的一組。

第二組是老虎和兔子。老虎代表勇猛，兔子代表謹慎。兩者一定要緊密結合在一起，才能做到大膽心細。如果勇猛離開了謹慎，就變成了魯莽，而一味謹慎就變成了膽怯。這一組也很重要，所以放在第二位。

第三組是龍和蛇。龍代表剛猛，蛇代表柔韌。所謂剛者易折，太剛了容易折斷，但是如果只有柔的一面，就容易失去主見，所以剛柔並濟才最為適宜。

第四組是馬和羊。馬代表一往無前，直奔目標，羊代表和順。如果一個人只顧自己直奔目標，不顧周圍，必然會和周圍不斷磕碰，最後不見得能達到目標。但一個人如果光顧著與周圍和順，方向沒有了，目標也失去了。所以，一往無前的秉性一定要與和順緊緊結合在一起。

第五組是猴和雞。猴代表靈活，雞定時打鳴，代表恆定。如果只靈活，沒恆定，再好的主意最後也等不到收穫的那一天。但如果只是恆定，一潭死水、一塊鐵板，缺乏靈活，那只會事倍功半。只有它們非常圓融地結合，才能既穩定，又有所變通地不斷前進。

最後是狗和豬。狗代表忠誠，豬代表隨和。一個人如果太忠誠，不懂得隨和，就會排斥他人。反過來，一個人太隨和，沒有忠誠，就會失去原則。所以，無論是對民族與國家的忠誠、對團隊的忠誠，還是對自己理想的忠誠，一定要與隨和緊緊結合在一起，這樣才容易真正保持內心深處的忠誠。

以上見解，正是中國人一直堅持的外圓內方，君子和而不同。其中，既包含了根據傳統文化對十二種生肖動物優缺點所做的精闢概括，又有人的想像力和創造力，古人將生肖兩兩相對有其道理所在，堪稱精妙。不過，我們的祖先屬相論命的理論，遠比今天大多數人所了解的，要複雜得多。

古人將六十甲子配以五行，於是十二生肖也就各有五種，且被認為各有歸屬，不同歸屬的生肖之人，有不同的命運，今天仍有方家術士延用這套知識。

以子鼠為例，甲子年出生的鼠屬金，為「屋上之鼠」.;丙子年出生的鼠屬水，為「田內之鼠」.;戊子年出生的鼠屬火，為「倉內之鼠」.;庚子年出生的鼠屬土，為「梁上之鼠」.;壬子年出生的屬木，為「山上之鼠」。

「屋上之鼠」為人多學小成，有始無終，心性暴躁.;幼年見災，重拜爺娘保養，兄弟骨肉少靠；子有刑，男人妻大，女人夫長；可稱伶俐聰明、賢良之命。「田內之鼠」為人機敏，有權柄及謀略；早年平平，中年成就，晚年大好；女人饒舌絮聒之命，言多必失，守己安分，幸福遁來。「倉內之鼠」為人伶俐聰明，心通文武；早生兒女受剋，遲生保平安；夫妻和睦，有財益之命；晚年大興旺；女人賢良，發達之命。「梁上之鼠」為人尊重安穩，一生衣祿無缺；主妻賢明，持家有權柄；需做事通達，遇凶化吉，貴人提拔；女人興旺、發家之命。「山上之鼠」幼年有災，中年衣食足用；主娶好妻，身閒心苦，或喜或憂；兄弟少靠，六親冷淡，凡事自做自為，女人賢良之命。

與子鼠類似，對其他屬相，也各有一套說法。

在古代，生肖命理不光與年分相關，還與季節、月分，甚至一天的時辰都有關係。老百姓認為，生於秋天的屬羊人，命運就比不得春天出生的屬羊人，因為春天草多，秋天草少。而生在農曆十月的老鼠命運就不及生於臘月的老鼠，因為立冬之時，尋找食物頗為困難，而臨近除夕，人們已備好酒肉，老鼠可安然享用。民間還有「早雞勞碌命」的說法，因為早晨雞要打鳴，不得清閒，所以早晨出生的屬雞人被認為會一生操勞。

時代發展到今天，過去那套完整的生肖命理說已不再具有當初的影響力。不過，生肖與性格的關係，還是人們的興趣所在。今天，我們能見到許多種關於生肖性格的說法，不過大同小異，一般是從優缺點兩方面進行論說。下面引來一種供讀者玩味。

○鼠年生的人——敏銳樂觀

優點：渴望求知，做事態度積極，勤奮努力；自尊自愛，能自我約束，能替別人著想，待人和藹；善於結交各式各樣的朋友，適應性強；機智、謹慎，善於籌劃；性特別向，多愁善感，細心，做事有條理。

缺點：目光短淺，一事當先，先為自己打算；多疑、不夠坦誠，有些愛虛榮；對直覺過分自信；比較性急，牽及欲望方面的利益，有時不顧情面。

○牛年生的人——勤勉踏實

優點：勤奮努力，百折不撓，意志堅強，有進取心，有領導欲望；誠實可靠，責任感強，能吃苦耐勞；能關心他人，謙虛謹慎，有正義感，愛打抱不平；務實謹慎，比較穩重，有忍耐力，始終如一，從不妥協。

缺點：有時有自卑傾向，固執己見，不納雅言，有時愛衝動；不愛社交，缺乏臨機應變能力，不善表達；保守、頑固，有主觀獨斷傾向。

○**虎年生的人——富於冒險**

優點：有雄心壯志，有朝氣，樂觀，勇於開拓；博愛，有正義感；敢想敢做。

缺點：自傲，不謙虛，有自以為是的傾向；粗心大意，易動感情，易輕信他人。

○**兔年生的人——溫柔善良**

優點：樂觀、和藹，能體諒別人，性格矛盾；精明，機智；能和任何人親密相處；富於想像力，感情細膩。

缺點：沒有大志，有得過且過的傾向；虛榮心重，有時怯弱，有時好怡然自得；性情不穩定；不肯刻苦鑽研；有官僚主義傾向。

○**龍年生的人——氣宇軒昂**

優點：做事勇往直前，可當先鋒；樂觀積極，有旺盛的進取心，有高尚的信念，做事認真負責；誠實、果斷、熱情，性特別向，有人緣。

缺點：有半途而廢的習慣，盛氣凌人；自制力欠佳，驕傲自大，不願認錯；缺乏靈活性，不夠含蓄。

○蛇年生的人——神祕莫測

優點：專心致志，意志堅強；溫和、自愛、謹慎，心靈手巧；想法富於柔軟性。

缺點：有時動搖不定，為自己打算；多疑，有嫉妒和報復心，心胸狹窄，內心冷漠；大事面前優柔寡斷。

○馬年生的人——獨立奔放

優點：有進取心，勇往直前，積極樂觀；坦誠、可靠，善惡分明；智力靈敏，有察覺力，自由奔放，灑脫；能接受新事物。

缺點：有半途而廢的習慣，盛氣凌人；自制力欠佳，驕傲自大，不願認錯；缺乏靈活性，不夠含蓄。

○羊年生的人——溫文儒雅

優點：研究心旺盛，喜歡開創，有野心；溫順善良，有同情心；喜愛藝術，有想像力和創造力。內心堅定，對喜歡的人和事充滿深情。

缺點：悲觀，不能容忍別人踏入你的領域；不注重實際，內心十分固執。

○猴年生的人——機智伶俐

優點：有較強的進取心，性格倔強；喜歡競爭，樂觀自信；親切，能與人融洽相處；愛好社交，老練。

缺點：對任何事熱情不持久；圓滑，有些世故，給人八面玲瓏的印象。

○雞年生的人——神采奕奕

優點：做事勇往直前，堅持不懈；思想堅定，果斷；健談。

缺點：愛虛榮，有不注重實際的傾向，容易受異性引誘。

○狗年生的人——忠誠正直

優點：為人正直，守規矩，有責任感；對上司、長輩敬重，服從，工作認真；

缺點：自我觀念極濃，缺乏通融性、發表力，所以常錯失許多美好的事物，防衛意識強。

○ 豬年生的人——性情率直

優點：專心致志，比較樂觀；誠實真摯，有同情心，能信任他人。

缺點：不堅定，易動感情，自我寬容，對謊話缺乏辨別力。

第六節　信乎，不信乎

這些撲朔迷離的生肖俗信民間觀念，到底有幾分真，幾分假？我們又該對它們抱持怎樣的態度？如果說隨著科學的昌明，生肖命理文化正在逐步瓦解消失，那麼可以說，本命年俗信還是被比較完整地保留下來的一部分。

「本命年不順」的說法，至今還有許多人相信。正因如此，每年春節臨近之時，商家都會推出一系列紅色商品，如紅內衣、紅襪子、紅配飾，甚至家中的紅掛飾等，來迎合人們對於「本命紅」的需求。

其實，但凡十二歲以上的人，都已經歷過本命年，對於這一年是否順利也有所感受。網上也常會有網友探討自己的經歷，有的人會說「果然不順」，可是也有人說自己在本命年「平平淡淡」，或者「一切皆順」。這是怎麼回事？

事實上，那些認為「諸事不順」的人往往是由於心理作用。人生總有一些波折，如果恰逢有大的波折出現在本命年，那麼，不信的人根本就不會將二者關聯起來，而相信之人則會鞏固他們的迷信。

眾所周知，遭遇困難時，心態最關鍵，所以不信之人往往能以平常心安然度過，反而是迷信的人，心理和行為上都戰戰兢兢，本來能夠輕易度過的「坎兒」，可能讓他「如履薄冰」了一整年。

「本命年不順」，也確實無法透過事實考驗。舉一個反例為證，前面已經提到的宋代文人鄒應龍出生於龍年，他才華過人，曾考取狀元郎，並官至戶部、刑部、工部尚書，而他中狀元的那一年，才二十四歲，恰逢龍年本命年。

劉心武先生不久前寫過一篇題為〈邁過「本命年」的坎兒〉的文章，他也認為本命年可能是個「坎兒」，但這並非一些神祕莫測的原因造成的，而是從心理發育的角度來看的。

十二歲時，一個人心理上的坎兒，要麼表現為早熟，失去應有的童真，導致行為上的越軌；要麼心性從此滯留不進，總害怕進入「大人的社會」。

二十四歲時，心理上的坎兒可能趨於兩個極端，一是成為「憤青」，對社會、對長輩，尤其是對固有的傳統、規範，打心裡噴溢出反叛的激情，追求顛覆、破壞的快感；一是成為「懦青」，自卑、懦弱，形不成任何主見，特別地害怕長輩、領導、權威、強人，總是自覺形穢而又找不到提升自己的途徑。

三十六歲與四十八歲這兩個本命年中，人心裡的坎兒一般也有兩種：一是自我肯定過頭，覺得功成名就，前途似錦，欲望膨脹到如即將崩裂的氣球而不自知；一是自我否定過頭，覺得老大不小仍成不了氣候，前景黯淡，對自己萬念俱灰。

到了六十歲，一個人心理上的坎兒又轉化為，要麼覺得難以適應新事物，沉溺於懷舊，要麼憤世嫉俗，要麼心灰意懶，這些心理危機又轉化為生理上的疑神疑鬼，總覺得自己「不行了」，彷彿人生的幕布也將就此落下。

想平安度過這幾個心理危險期，就不能僅靠「本命紅」了。劉心武先生給出了兩個解決辦法：一是需要周圍人的幫助和扶持，二是要學會自我調節。這種對於本命年與時俱進的理解，也頗有些道理。

至於「牛馬年，好種田」等生肖農諺，雖有一定合理之處，但並不等於說它們就是全然正確的。第一，歷史上也並不少見牛、馬、羊年歉收，或者猴年、雞年、狗年豐收的例子；第二，中國幅員遼闊，不同的地方氣候條件各異，有時候甚至南方鬧洪災，北方鬧旱災，一條簡單的諺語怎麼能概括這些錯綜複雜的情況呢？

還有那預測農事的老皇曆，今天倒是還能見到，不過它所做的農事預測，已經幾乎沒人關注了，因為現在的農民更信賴的是科學的氣候預測和技術指導。

說到取名，今天的人固然重視它，可是參考生肖取名的情況已經比較少了。但是，在生肖婚配中提到的「談羊色變」的迷信，倒是延續到了今天。二〇〇二年是農曆壬午馬年，下一年是羊年。據新聞報導，許多預產期在羊年正月的準媽媽，要求醫生在羊年到來之前為她們施行剖腹產。二〇〇三年，農曆癸未羊年來臨，由於擔心屬羊命不好，不少孕婦又紛紛將生產日期推到猴年。

事實上，早在清朝時，小說家李汝珍就在《鏡花緣》裡借小說中的人物之口，反駁了歧視屬羊、屬虎的女性和以生肖占卜婚配的做法：

「尤可笑的，俗傳女命北以屬羊為劣，南以屬虎為凶。其說不知何意？至今相沿，殊不可解。」

「人值未年而生，何至比之於羊？寅年而生又何至竟變為虎？且世間懼內之人，未必皆系屬虎之婦，況鼠好偷竊，蛇最陰毒，那屬鼠、屬蛇的，豈皆偷竊、陰毒之輩？」

「龍為四靈之一，自然莫貴於此，豈辰年所生，都是貴命？」

「此皆愚民無知，造此謬論，往往讀書人亦染此風，殊為可笑。」

「總之，婚姻一事，若不論門第相對，不管年貌相當，唯以合婚為準，勢必將就勉強從事，雖有極美良姻，亦必當面錯過，以致日後兒女抱恨終身，追悔無及。」

這番話其實還交代了這樣一個事實——過去民間的生肖婚配俗信，拆散了不少大好姻緣。生肖婚配的那套說法曾經有如此之大的影響力，那它真的可信嗎？梁實秋先生曾寫過一篇題為〈算命〉的散文，從文中所舉的一個例子，讀者可見一斑。

有一對熱戀的青年男女，私訂終身，但是家長還要堅持「納吉」手續，算命先生折騰了半天，閉目搖頭，說：「哎呀，這婚姻怕不成。乾造屬虎，坤造屬龍，『虎擲龍拿不相存，當年會此賭乾坤』……」

居然有詩為證，把婚姻比做了楚漢爭。前來問卜的人同情那一對小男女，從容進言：「先生，請捏合一下，卦金加倍。」先生笑逐顏開地說：「別忙，我再細算一下。……龍從火裡出、虎向水中生。龍驤虎躍，大吉大利。」

這位先生說謊了嗎？沒有。始終沒有。這一對男女結婚之後，梁孟齊眉，白頭偕老。

李汝珍先生已經簡單提到，依據「鼠好偷竊，蛇最陰毒」來推斷「屬鼠、屬蛇的皆是偷竊、陰毒之輩」是不合理的。

道理也確是如此，中國有十三億人，假如每個人都跟自己所屬的生肖性情相似，那豈不是全體中國人只有十二副脾氣？即便是按照不同五行歸屬的生肖性情不同，一個屬相有五種命運，那麼十三億人也才有六十種命運，現實生活中，每個人都有自己的性格和命運，這樣的歸納辦法，也是把問題太簡單化處理了。所以，生肖性情說也只可玩味，不足為信。

當然，古時候的星命家還將人的命運按照月、日、時再加以細分，也就是生辰八字。有人統計，生辰八字完全相同的兩個人出現的機率大概是幾十萬分之一，按照這樣的算法，人的命運確實有了千差萬別。

可是，這樣卜算就準確了嗎？據說當年朱元璋當皇帝以後，害怕和自己同一生辰的人篡位，下令把這些人都抓起來殺掉。後來有一次抓到一個養蜂老人，朱元璋親自審問，原來老人養了九箱蜂，相當於管了九州民眾，是個養蜂的「皇帝」，於是他就放心了，不再抓人。

儘管這則故事的本意是想論證同一生辰的人會有類似的人生軌跡，但論證的結果卻恰恰相反——兩人的命運只是看起來相似，其實大相逕庭，一個貴為皇帝，一個是養蜂老人，相似度有多高？所以，人要學著掌握自己的命運，而不是迷信於神祕莫測的種種說法。

在這裡，再講幾個有趣的故事。故事的主角都是由於過於迷信生肖，辦出了讓人啼笑皆非的事情。

唐代文學家柳宗元有篇題為〈永某氏之鼠〉的寓言——

永某氏於子年出生，「鼠，子神也。」因愛鼠，他不許家人養貓狗，也不許僕人打老鼠，家中的廚房、倉庫任憑老鼠吃喝出入，也從不過問。

後來老鼠們相互轉告，都來到永某氏家中生活，導致他的家裡沒一件完整的東西，也沒一件完好的衣服。白天老鼠們跟人一起活動，夜裡也吵得人睡不著覺。

等永某氏搬走後，新來的住戶不得不下大力氣捕鼠，最後死老鼠竟然堆積如山！

寓言可能有一定的虛構成分，然而現實生活中也確實有如此溺愛老鼠的例子。據徐柯《清稗類抄·迷信》記載，鹽城有一何姓人家，其主人本命肖鼠，他對老鼠的縱容跟寓言中的不相上下。

普通老百姓迷信生肖只會禍害一家，可是倘若一國之君也是如此，那就天下大亂了。中國歷史上，有兩位皇帝也辦出了跟肖鼠人類似的事情，玩起了禁殺禁養本命生肖動物的遊戲。據宋人朱弁《曲洧舊聞》卷七記載——

宋徽宗趙佶生於元豐五年，時年為壬戌年，其生肖為狗，他即位後，接受了一位叫范致虛的大臣的建議，下令天下禁止殺狗，告發者賞錢最高可達兩萬。

此令一出，頓時引起朝野一片譁然，太學生們以其父神宗生於戊子年，卻沒有禁止養貓以保護老鼠為例，反駁這一禁令。

四百年後，明武宗朱厚照拾宋徽宗之牙慧，其舉止卻更加荒唐，由於他姓朱，又屬豬，認為人們豢養豬以宰殺吃肉不妥，便下令禁止民間養豬、殺豬、吃豬肉。

他的禁令導致國家清明祭祀時，出現了找豬肉難的局面。後來，在官員多方進言之下，禁令只維持了三個月，就不得不被廢除了。

今天，人們當然再不會做出這般愚昧誇張的事情，不過，這幾則故事提醒我們：可以將生肖文化作為傳統文化的一部分來了解和接受，但是，絕不可迷信於此。

第五章　十二生肖文藝作品賞鑑

生肖文化意蘊豐富，歷代文人墨客、能工巧匠，以之為題吟詩作畫，留下了珍貴的生肖文藝作品。當然，今人也不甘落後，紛紛創造出生肖文藝的新形式。在這一章，就讓我們徜徉於生肖文藝長廊，品味十二生肖之詩情畫意。

第一節　十二生肖詩

◆十二屬詩

中國是一個詩歌的國度，十二生肖作為一種底蘊深厚的文化，自然是備受詩人青睞的題材之一。

十二生肖不僅入了詩，還在古體詩領域擁有了自己的一席之地。從南朝起，中國出現了「十二屬詩」。十二屬詩既要將十二生肖按一定規律鑲嵌其中，又要用典自然，不能生硬，頗需文學功底。

南北朝時著名詩人沈炯的〈十二屬相詩〉，是十二生肖詩的開先河之作。

鼠跡生塵案，牛羊暮下來。
虎嘯坐空谷，兔月向窗開。
龍隰遠青翠，蛇柳近徘徊。
馬蘭方遠摘，羊負始春栽。
猴栗羞芳果，雞跖引清杯。
狗其懷物外，豬蠡窅悠哉。

這首詩將十二生肖依次嵌在每句的首起位置，寫法對仗工整，又充滿生活的情趣，寫起來頗為不易。

因此，後來的效仿者不願再拘泥於此，便在體制上有所創新，他們不將十二生肖固定在句首或句尾的位置，而允許其在中間任何地方出現，如此就去掉了作詩的條條框框，擴大了詩的自由範圍，使詩更加活潑。

至南宋時，十二屬詩已為數不少，達到集結成卷的規模。當時的儒學大師朱熹就讀到了這樣的詩卷，讀罷一時技癢，自己也作了一首，題目就叫〈讀十二辰詩卷掇其餘作此聊奉一笑〉：

夜聞空簞嚙饑鼠，曉駕羸牛耕廢圃。
時才虎圈聽豪誇，舊業兔國嗟莽鹵。
君看蟄龍臥三冬，頭角不與蛇爭雄。
毀車殺馬罷馳逐，烹羊酤酒聊從容。
手種猴桃垂架綠，養得鵾雞鳴角角。
客來犬吠催煮茶，不用東家買豬肉。

這首詩共十二句，每句嵌十二生肖中的一個，並將其置於句中。在詩中，生肖大都採用本義，只有「兔園」之兔、「猴桃」之猴，「鵾雞」之雞，以雙關借義的形式出現。全詩融入了十二生肖，又是抒寫閒居之情，可謂巧妙自然。作為大師之作，它在生肖屬詩中比較有名。

比朱熹年代稍早一些的葛立方，寫有一首〈贈友人莫之用〉，也是十二屬詩：

抱犬高眠已雲足，更得牛衣有餘燠。
起來敗絮擁懸鶉，誰羨龍鬚織冰縠。
踏翻菜園底用羊，從他春雷吼枯腸。
擊鐘烹鼎莫渠愛，小芼自許猴葵香。
半世饑寒孔移帶，鼠米占來身漸泰。
吉雲神馬日匝三，樗蒲肯作豬奴態。
虎頭食肉何足誇，陰德由來報宜奢。
丹灶功成無躍兔，玉函方祕緣青蛇。

這首詩有十六句，十二生肖名嵌入詩中，無固定規律可循，既不一定嵌在句首，也不一定每句都有生肖，這樣就突破了十二句的固定格式，並且全詩四句一換韻，可謂別出心裁。

宋朝以後的生肖詩作，大都遵循傳統格式，又有些變通。元代文人劉因的〈十二辰詩〉也頗為有名，每句都包含一個與生肖動物相關的絕妙故事，別有情趣：

饑鷹嚇鼠驚不起，牛背高眠有如此。
江山虎踞千里來，才辯荊州兔穴爾。
魚龍入水浩無涯，幻境等是杯中蛇。
馬耳秋風去無跡，羊腸蜀道早還家。
何必高門沐猴舞，豚柵雞棲皆樂土。
柴門狗吠報鄰翁，約買神豬謝春雨。

明代詩人胡儼在他《列朝詩集》裡，也寫過一首十二生肖詩：

鼷鼠飲河河不乾，牛女長年相見難。
赤手南山縛猛虎，月中取兔天漫漫。
驪龍有珠常不眠，畫蛇添足適為累。
老馬何曾有角生，羝羊觸藩徒忿嚏。
莫笑楚人冠沐猴，祝雞空自老林丘。
舞陽屠狗沛中市，平津牧豕海東頭。

該詩每句都包含一個歷史典故，如畫蛇添足、指鹿為馬等，正所謂一名一典，沒有一字無來處，讓人品味到了詩的內涵。

民國初年，畫家王夢白曾為門生李漪繪〈十二生肖圖〉，當時知名學者黃浚也在座。李即向黃乞詩題圖，黃欣然提筆作出〈十二生肖題句〉：

世情偃鼠已滿腹，詩稿牛腰卻成束。
平生不帝虎狼秦，晚守兔園真碌碌。
龍漢心知劫未終，賈生痛哭原蛇足。
梨園煙散舞馬盡，獨剩羊車人似玉。
子如獼猴傳神通，晝課雞窗伴幽獨。
板橋狗肉何可羨，當羨東坡花豬肉。

詩中藏典用事，渾然一體，妙語連珠，一氣呵成。更難能可貴的是，作者對社會的黑暗不公和自己壯志難酬的憤憤之情寓於其中，讀來令人感慨。

也有些文人並不受十二屬詩體制的約束，而是依著自己的情致來吟詠生肖，也別有一番韻味。如宋代詩人蘇轍曾在虎年辭去，兔年來臨之際作有〈守歲〉一詩：

於菟絕繩去，顧兔追龍蛇。
奔走十二蟲，羅網不及遮。

嗟我地上人，豈復奈爾何？
未去不自閒，將去乃喧譁。
天上驅獸官，為君肯停檛。
魯陽揮長戈，日車果再斜。
釃酒勸爾醉，期爾斬蹉跎。
偕醉遣爾去，壽考自足誇。

古代詩作中也不乏用到生肖典故的，如唐代白居易有一首詩寫道：「寅年籬下多逢虎，亥日沙頭始賣魚。」由於亥豬在五行中屬水，才有「始賣魚」之說。

而李商隱的〈行次西郊〉一詩中，則有「蛇年建午月，我自梁還秦。南下大散關，北濟渭之濱」這樣的詩句。

◆十二生肖對聯

對聯，雅稱「楹聯」，俗稱「對子」。對聯是漢語語言獨特的藝術形式，它的主題可以是任意事象，它所講究的是言簡意深，對仗工整，平仄協調，號稱「詩中之詩」。

從古至今，以生肖入聯者不計其數，有人為它們劃出了一個專門的類別，即「生肖聯」。

生肖聯包含有不同的風格和旨趣，有的古典文雅，有的氣勢磅礡，有的幽默詼諧，有的諷刺入味。

子鼠入聯——

甲乙科名佳話在
子孫孝友古風存

這一聯中，「甲子」兩字嵌在聯首，自然是指鼠，這也是作對聯常用的一種方式。

丑牛入聯——

曾馱李耳離函谷
又助田單破邵青

老子曾騎青牛過函谷關，田單曾用火牛陣打敗邵青，這是人所共知的典故，上下聯分別以之將牛嵌入其中，真是巧妙。

寅虎入聯——

一聲長嘯山谷震

萬樹生風閃電行

寅虎之聯將一隻威風凜凜、風馳電掣的老虎描寫得唯妙唯肖。

卯兔入聯——

雪消獅子瘦

月滿兔兒肥

卯兔之聯在中國歷史上很有名，且它的背後還有一段風流佳話。傳說，清代著名的女詩人席佩蘭出此上聯以求夫婿，而當時的才子孫原湘便因對上了下聯而抱得美人歸。

辰龍入聯——

能吸風雲興瀚海

偏敷霖雨惠蒼生

辰龍之聯，讚美了神龍興雲為人間興雲布雨的能耐和功德，所以被書寫在一些地方的龍王廟門兩側。

巳蛇入聯——

舌縱成雙從不花言巧語

肢雖無一卻能電掣風行

蛇又稱「小龍」，自然也能電掣風行，巳蛇之聯道出了人人稱畏的蛇的可愛之處，眼光獨到。

午馬入聯——

引頸三嘶抒壯志

飛蹄萬里奮長征

午馬之聯不僅描寫了一匹引頸飛蹄的奔馬，更將人的志向寓於其中，給人昂揚之感。

未羊入聯——

皮莫讓他披，須防惡客充良善

肉須供我食，好使春宵富饌稀

這一聯將眾所周知的寓言典故「披著羊皮的狼」和羊以其肉奉於人類的功德引入其中，頗有教育意義。

申猴入聯——

鑼鼓登場，一片歡騰熱鬧

衣冠扮相，三分文雅風流

這副對聯以猴戲為主題，將小猴聰明滑稽的模樣和當時熱鬧的場面輕鬆描出，頗為有趣。

酉雞入聯——

肉蛋皆稱美味

啼鳴總是佳音

此聯用平常之語將平常之事物道出，但俗中見雅，值得學習。

戌狗入聯——

刻意看家，絕不朝三暮四

忠心事主，從無愛富嫌貧

狗是人類最忠實的夥伴，聯語極贊其忠誠。

亥豬入聯——

休笑嘴長，惹是生非從不齒

莫嗟皮厚，吹牛拍馬總無心

此聯將豬的短處盡數寫出，卻也道其是無心之過，倒也顯出豬之嬌憨可愛。

前面除卯兔之外的其他聯，都是在說生肖動物，卻未將其直接道出，因而還可當作「謎聯」使用。

春聯，是對聯中最為人熟知的一種。每值新春舊年交替之際，也是生肖動物交接之時，所以吉祥喜慶的春聯，怎麼能少得了生肖呢？生肖春聯也有多種作法，比如在春聯中嵌入本年的生肖：

聞雞起舞

躍馬爭春

此聯是一九八一年春節徵聯的一等獎獲獎作品，作者為童璞，該年是雞年，而實際上它可以用於任何一個「雞年」和任何一個「馬年」。

只用一種生肖的，有指示當年的作用，如戊辰龍年（一九八八年）春聯（作者常江）：

順雨調風龍氣象
錦山秀水鳳文章

用相鄰兩個生肖，可表示年分的交替，如丙寅虎年（一九八六年）春聯（作者常江）：

牛耕綠野
虎嘯青山

還可以用一些諧音字代替生肖動物，如以「陽」代「羊」：

陽春開物象
麗日煥天文

下面再引一些生肖春聯來供讀者欣賞。

鼠年：金豬辭舊歲，玉鼠迎新春。
牛年：玉鼠回宮傳捷報，金牛奮地湧春潮。

虎年：虎踞龍盤今勝昔，花得鳥語舊更新。
兔年：月裡嫦娥舒袖舞，人間玉兔報春來。
龍年：鳥鳴春日驚山水，魚躍龍門動地天。
蛇年：金蛇狂舞春添彩，紫燕翻飛柳泛青。
馬年：蛇舞長城雪，馬嘶北國風。
羊年：馬蹄留勝蹟，羊角搏青雲。
猴年：花果飄香美哉樂土，猴年增色換了人間。
雞年：雞聲窗前月，人笑福裡春。
狗年：金雞交好卷，黃犬送佳音。
豬年：亥時看入戶，豬歲喜盈門。

◆十二生肖歌謠

民歌當中，十二生肖也是特別受歡迎的題材。在中國許多地方，十二生肖歌謠被廣為傳唱。民國時期的學者胡雲翹在其所輯的《滬諺外編》中，就收錄了一首：

正月梅花開來直到梢，老鼠眼睛像胡椒，偷油咬物真討厭，叮囑家家多養貓。

二月裡來開杏花，耕牛最是有功勞，油車碾豆牛用力，盜田裡戽水牛趕車。

三月裡桃花紅噴噴，老虎凶來要吃人，凶人還要凶人制，提到鐵籠裡那能放虎形。

四月薔薇開來話頭多，兔子雙雙來做窩，月落一窩小兔子，子崽多來勞碌多。

五月裡來石榴開，老龍取水白漫漫，問龍住宿在何處？松江有個白龍潭。

六月荷花開來梗子青，毒蛇出世草裡登，要囑家家預備竹夾剪，滅盡毒蛇不害人。

七月涼風鳳仙飄，客人騎馬馬飛跑，古來好將得好馬，沙場征戰立功勞。

八月中秋木樨香，性情愚善是胡羊，吃奶跪在娘腹下，畜生也識孝親娘。

九月菊花開得葉頭齊，花果山上猴兒真可憐，揚州婆捉去做戲法，隨街傍路賣銅錢。

十月芙蓉開來小春天，家家養只過年雞，雌雞生蛋有出息，雄雞到天明喔喔啼。

十一月水仙開來耀眼明，狗能防夜幫主人，獨是生成一種欺貧重富怵脾氣，看見窮人咬不停。

十二月裡臘梅開，櫪裡豬驢拖出來，日裡吃仔三頓不做啥，殺伊肉吃本應該。

今天，浙江省文成縣一帶也還流傳著〈十二生肖歌〉，當地學者從一位七十八歲的長者那裡採集到了它：

正月寅生是肖虎，生兒哺子在林中；口如血盤牙齒尖，上山落嶺快如風。
二月卯生是肖兔，毛兔出世眼不亮；莫講毛兔無出息，兔毛扎筆做文章。
三月辰生是肖龍，生兒哺子在天堂；十二生肖龍最貴，春二三月發毫光。
四月巳生是肖蛇，生兒哺子在岩窠；蛇行千里卻無腳，高山草地緊緊過。
五月午生是肖馬，生兒哺子在官堂；爭州奪國都用到，衝鋒陷陣在前方。
六月未生是肖羊，羊兒未落先叫娘；羊角尖尖象刀槍，一部鬍鬚尺把長。
七月申生是肖猴，生兒哺子在樹頭；樹頭果子猴先吃，王母仙桃也敢偷。
八月酉生是肖雞，頭戴紅冠腳扒泥；莫講雄雞無有用，天神差牠報天時。
九月戌生是肖犬，生兒哺子在柴倉；人來客去會迎送，盜賊走過叫汪汪。
十月亥生是肖豬，主人養豬欄中嬉；莫講毛豬無有用，酬神還願好福禮。
十一月子生是肖鼠，生兒哺子在穀倉；爬梁滑牆頭一個，貓兒跑來無處藏。
十二月丑生是肖牛，主人養牛在欄頭；十二生肖牛最苦，春來無牛萬家愁。

以上兩首民歌都是將生肖與月分相搭配，唱出了十二生肖的習性及其與人類的關係。

傳承傳統文化，要從小做起。民間也將十二生肖融入了兒歌，可謂「寓教於樂」。如中國東南地區的老百姓將生肖與數字搭配，編出了下面這首兒歌：

一鼠賊仔名，二牛駛犁兄，三虎爬山崎，四兔游東京。
五龍皇帝命，六蛇受人驚，七馬跑兵營，八羊吃草嶺。
九猴爬樹頭，十雞啼三聲，十一狗吠客兄，十二豬菜刀命。

上面這首兒歌，被收錄在臺灣出版的《野臺鑼鼓》中。同時被收入該書的，還有一首將十二生肖與歷史人物相結合的〈十二生肖童謠〉：

鼠今出世在壁空，大鬧花燈是薛剛。踢死太子驚聖上，連夜逃走九龍崗。
牛今出世受拖磨，高祖起義斬白蛇。蕭何月下追韓信，九里山下埋伏行。
虎今出世人人驚，文廣被圍柳州城。十八妖洞治妖怪，宋朝名將有名聲。
兔今出世目目紅，羅通掃北戰銅人。虧得英雄來戰死，羅仁七歲打銅人。
龍今出世在片雲，潘葛盡忠打梅倫，潘葛一家甚厲害，假做蘇英上絞臺。
蛇今出世身腰長，包拯盡忠困玉床。嘴含一點孔雀血，捕捉鼠精費精神。
馬今出世被人騎，孟宗哭竹喃淚啼。天庭知伊有孝義，化出冬筍在身邊。
羊今出世下谷須，昭君出塞面憂憂。幾時見得漢王面，斬了奸臣毛延壽？
猴今出世在深山，壽昌辭母去做官。遇著魏孝來賣餅，母子相會一頭看。
雞今出世身花花，元吉作戰偷掠雞。結拜元貴為兄弟，官府掠去打竹棍。

狗今出世目無開，子龍打出萬重圍，孔明點兵用計智，救出阿斗上金階。
豬今出世身似象，蘇武一心無二樣，番邦盡節十九年，日日牧羊在山邊。

兒童在學習這類兒歌之時，既了解了生肖文化，又熟悉了動物特點，同時還掌握了不少歷史典故，真是一舉數得。

根據兒童年齡段的不同，生肖童謠還有難易度的區分，如上面的兩首，是適合年齡稍長的孩子學習的，而下面這一首，則是當前被廣泛用作開發學齡前幼兒智力的：

小老鼠，打頭來，牛把蹄兒抬；老虎回頭一聲吼，兔兒跳得快；兔兒跳得快！
龍和蛇，尾巴甩，馬羊步兒邁；小猴機靈蹦又跳，雞唱天下白；雞唱天下白！
狗兒跳，豬兒叫，老鼠又跟來，十二動物轉圈跑，請把順序排！請把順序排！

第二節　十二生肖畫作

動物畫以動物形象作為藝術語言，來表達人的希望、幻想和各種感情。它不要求唯妙唯肖，允許誇張與變形，但要有個性，要貼近生活，並能引起大家的共鳴。從古代的韓幹、韓轘、趙孟緁、華劊、郎世寧，到現代的齊白石、徐悲鴻、張善子等，無一不是動物畫的高手。

生肖畫是動物畫的一種，怎樣將生肖圖畫與普通的動物圖畫相區別？方法其實很簡單。

倘若一位畫家畫了一張鼠、一幅牛，所勾勒的可能是生肖，也可能不是。但若畫作又題上了「子」、「丑」等字樣，那就必然是生肖畫了。此外，即便未標子丑寅卯等十二地支，但若一幅畫卷集齊了十二種動物，或者單幅一種動物，十二幅集成一套，都應該算作十二生肖圖。

生肖圖區別於普通動物圖的一個重要特點，是前者往往為十二種生肖動物大團圓，這不僅是由於中國人以齊全為圓滿，更是由於十二生肖連在一起，表達了中國人周而復始的生命觀念和樂觀和諧的審美情趣。

◆名家畫作

歷朝歷代，幾乎每位畫家都「業有專工」。生肖畫作對畫家的要求比較高，要將十二種動物都畫得形神兼備，難度極大，稍有瑕疵，便不圓滿。

然而，古往今來，卻也有不少畫家勇於挑戰自我，將筆觸投向十二種生肖動物。生肖文化的魅力可見一斑。

虛谷（西元一八二三年至西元一八九六年），俗姓朱，名懷仁，清代著名和尚詩人、畫家，工山水、花卉、動物、禽鳥，尤長於畫松鼠及金魚，亦擅寫真，被譽為「晚清畫苑第一家」。〈十二生肖〉是虛谷作品中不可多得的上乘之作。該畫作於西元一八八四年，畫家六十一歲，正值藝術創作成熟的頂峰時期。十二條屏分別繪製十二生肖，每屏各對應其一。所繪動物活潑清新，富於動感，形態情趣動人，各具神韻。十二幅連在一起，則又融會貫通，風格一致。

在現代美術領域，齊白石和徐悲鴻是響噹噹的人物。在動物畫方面，齊白石最精於畫蝦，徐悲鴻最擅長畫馬，不過，兩位大畫家也被生肖文化所吸引，畫起了他們熟悉或不熟悉的動物。

齊白石平生難得畫龍，卻在十二屬相齊全才好的民俗心理影響下提起了筆。對此，八十五歲的齊白石有一段題畫文字：「蔚三先生既藏予畫多，又欲索畫十二屬。予以有未曾見者龍，不能畫……」

最終，他還是畫了龍，畫了柏羊、草蛇、游豬，畫了他平素較少涉筆的狗和馬，完成了一套生肖組畫。

湊齊十二種以應民俗的同時，齊白石對於自己的畫作還另賦其意——畫犬，他題「吠其不仁」；畫猴，他題「既偷走又回望，必有畏懼，倘是人血所生，必有道義廉恥」。這就增加了作品的文化意蘊。

徐悲鴻的〈十二生肖圖〉創作於一九四五年，半個多世紀後才被「發現」。這幅圖為水墨畫，設色紙本。除〈雞〉圖鈐白文印「東海王孫」外，其餘十一圖均各鈐朱文印「徐」（均為徐悲鴻的常用印）。

據徐悲鴻夫人廖靜文介紹，徐悲鴻一生僅畫過這一幅生肖圖。在「二〇〇四中國嘉德秋季拍賣會」上，畫作以八百八十萬元人民幣拍賣成交，刷新了徐悲鴻書畫作品拍賣的最高紀錄。

當代國畫大師范曾先生也繪過一套〈十二生肖圖〉，他在前輩的基礎上有所創新，以中國古代人物形象與十二生肖相結合的形式，藉以歷史上關於生肖的著名典故，再現了帶有鮮明民族風格的十二生肖形象，可謂精緻典雅。

此畫在「北京榮寶齋二〇〇四秋季拍賣會」上以三百七十四萬元人民幣的價格拍出。大師們的生肖畫作真可謂價值連城。

生肖漫畫是畫家在探索大眾化、民族化過程中收穫的一個豐碩成果，儘管它也屬生肖畫系列，但風格與前面的幾幅畫作完全不同。

著名漫畫家華君武曾畫過一大批構思幽默機智、令人過目不忘的漫畫作品。華老曾說過：「人和動物，不通語言，卻還可以溝通感情……有些動物富有人的性格、行為、七情六慾，漫畫上借動物作褒貶更有趣些。」

在用十二生肖作畫的漫畫作者裡，華君武名列前茅，他融幽默、諷刺、思索於一體，將人們熟悉的俗語、成語加以起，以豐富的想像力和簡潔的筆觸，淋漓盡致地抨擊了社會上的種種不良現象，引人發笑的同時包含著深邃的哲理。

二〇〇一年，浙江人民美術出版社將華君武八十餘件生肖漫畫作品結集成冊，並由江坪作畫評，該書出版之後，受到了讀者的如潮好評。

如今，在生肖畫領域，有一批青年畫家，如中國當代青年書畫家嚴學章，以其代表性的螃蟹體書法做題跋，將富於現代幽默的卡通漫畫形式和水墨傳統筆法相結合繪出生肖肖像，由此組出一幅別具一格的生肖圖式，取名〈生肖十二屏〉。

山西廣靈縣畫工世家出身的張永權，更是以十二生肖為主攻方向。他曾畫過〈狗年畫狗〉、〈豬年畫豬〉、〈鼠年畫鼠〉等作品，並在北京、廣州、深圳、香港等城市舉辦過專題生肖繪畫藝術展。他畫的狗造型準確、栩栩如生；他繪的豬合理誇張，楚楚動人；他筆下的鼠通靈、機敏，給人帶來愉悅之感。《新華月報》載文稱讚他的畫作：「將民族的圖騰文化和審美情趣融入作品中，開生肖繪畫新河，具有鮮明的藝術個性。」

◆民間風采

說起十二生肖畫作，不能不提民間藝術家們的創作，它們雖不像名家作品那樣價值連城，卻為老百姓喜聞樂見。

中國四大民間年畫——天津楊柳青、山東楊家埠、蘇州桃花塢、四川綿竹，均以生肖作為重要題材。

清代楊柳青年畫有一組四扇屏，為十二幅仕女娃娃觀賞動物圖案，畫中動物每幅一種，排為十二屬相。

山東楊家埠也有娃娃抱動物的生肖年畫，與楊柳青年畫不同的是，它是將十二個娃娃和十二種動物安排在一幅圖中。

據現有資料考證，桃花塢以前沒有作生肖年畫的傳統。但在二〇〇六年，蘇州桃花塢木刻年畫社首次推出了他們製作的生肖年畫〈金豬吉祥〉。它由七種色彩組成，充分利用了大紅大綠的「桃花塢顏色」；圖案形狀採用圓形，強調團團圓圓的喜慶氣氛，突出了年畫的本質。二〇〇七年，桃花塢又推出了題為「鼠歲福臨門」和「鼠年大吉」的木刻鼠年生肖年畫。在構圖上，它們將生肖鼠與吉祥的「福」字相結合，鼠的機靈氣與傳統「福」字融合在一起，使整個圖畫顯得生動活潑。

生肖也是四川綿竹年畫的傳統題材。今天的四川綿竹有一個年畫村，這個村被劃分成幾個主題年畫區，其中一個便是十二生肖圖區，在這個區裡，傳統的生肖年畫圖案都被搬到了牆上。

剪紙，在老百姓的生活中，跟年畫一樣常見，它也叫「窗花」或「剪畫」。剪紙之所以能夠得以長久廣泛的流傳，主要原因在於其納福迎祥的表現功能，而生肖圖案在民間被視為吉祥喜慶，自然也被納入剪紙圖樣之中。

十二生肖，無論是單幅的、兩種生肖雙雙入圖的，還是全家福式的，都惹人喜愛，代表著老百姓美好的願望——團圓和美，生生不息。

生肖剪紙藝術也成就了一批民間藝術家，如來自山東高密的齊秀花，被譽為「東方魔剪」，她的剪紙超越了純民間剪紙的平面化，增添了立體感。所剪動物粗獷中含清秀，稚拙中藏精巧，玲瓏剔透，純樸可愛，散發出濃郁的鄉土氣息。最能體現這一藝術特色的是她剪出的牛。一九九七年，她創作的〈金牛奮蹄〉，被選做中國生肖郵票圖案。

民間還有不少製作糖畫十二生肖的奇人，來自山東的民間藝人張玉樂便是其中之一。他以銅勺為筆，以糖汁作墨，將栩栩如生的十二生肖形象頃刻間呈現在大家眼前，令人叫絕。

第三節　古代生肖工藝珍品

古時候，生肖圖案被得以廣泛應用，而較為常見的生肖工藝品種類，有生肖俑、生肖銅鏡、生肖錢幣等。有些工藝品其形制之精美、構造之精妙，令今人嘆為觀止。

◆圓明園十二獸首

古代生肖工藝品中，最為我們熟知的，也是最牽動人心的，莫過於圓明園的「十二獸首」了。

十二生肖獸首，是由清朝著名外籍宮廷畫師郎世寧和法國傳教士蔣安仁共同設計，由義大利能工巧匠和中國宮廷匠師精心鑄造而成的。當年，它們被安放在圓明園內的歐式園林——俗稱「西洋樓」景區裡，具體位置為西洋樓中最大的一幢建築物——海晏堂之前的扇形水池噴水臺南北兩岸的十二石臺上。南岸分別為子鼠、寅虎、辰龍、午馬、申猴、戌狗，北岸則分別為丑牛、卯兔、巳蛇、未羊、酉雞、亥豬。

這些肖像皆獸首人身，頭部為銅質，身軀為石質，中空連接噴水管，每隔一個時辰(兩小時)，代表該時辰的生肖像便從口中噴水；正午時分，十二生肖像口中同時湧射噴泉，蔚為奇觀。

由於十二獸首是西方人為清朝皇家設計，所以中西合璧是十二獸首最大的特色。牛首與中國傳統牛的形象不同，創作者借鑑了西班牙鬥牛的形象。虎首頭頂一個大大的王字，代表了中華文化對百獸之王的最好詮釋，但略微像獅子的虎頭，也反映了歐洲人對百獸之王的理解。豬首造型與中國傳統差別較大，尖嘴長吻，獠牙外凸，頗似野豬形象，可蒲扇般伏貼的大耳，又有濃郁的中國傳統審美趣味。

西元一八六〇年，英法聯軍燒燬圓明園，圓明園十二生肖銅像自此開始了它們一百四十多年的流亡史，而收回它們便成為中國人的夙願。

二〇〇〇年，在一場香港拍賣會上，牛首、虎首與猴首現身，保利集團不惜重金，以三千多萬港元的高價將其購回，並將其存放於北京保利藝術博物館；二〇〇三年和二〇〇七年，何鴻燊博士又分別以近七百萬港元和六千九百萬港元的價格將豬首和馬首購回，並將豬首存放於北京保利藝術博物館，將馬首捐贈給了國家。

至此，十二獸首已有五件回歸故土。截至二〇〇八年底，鼠首、兔首仍由法國收藏家收藏，其餘獸首自從圓明園被毀之後，一直下落不明。

◆生肖時鐘

圓明園中的生肖像是計時噴水的，古時候還有一種十二時盤，盤的四周為十二生肖圖案。宋代陶谷《清異錄·器具》記曰：

「唐庫有一盤，色正黃，圓三尺，四周有物象。元和中，偶用之，覺逐時物象變更。且如辰時，花草間皆戲龍，轉巳則為蛇，轉午則成馬矣，因號『十二時盤』。」

隨時辰的變化，盤周圍不同的生肖圖案與之對應，轉到辰時有龍在花草間嬉戲的圖案，轉到巳時出現蛇圖案，轉到午時則出現馬的圖案，可見十二時盤之精妙。

可惜，這種器物沒有流傳至今，現代人也就再沒有機會一睹其風采了。

◆生肖俑

生肖俑，是俑的一種，流行於隋至元代，又稱「十二生辰俑」或者「十二支神俑」。它作為明器隨葬，起厭勝闢邪的作用，多放置於墓室四壁小龕內。

最早的生肖俑為陶質，見於北朝時期，形像是單純的動物形。到了隋代，墓室中放置生肖俑的現象已經比較普遍，出現了青瓷與白瓷等品種，形象演化為端坐的動物首人身形象。唐代流行身著袍服拱手站立的動物首人身或抱著不同生肖動物的人物形象，種類更為豐富，有陶器、唐三彩、瓷器等。宋代以後，十二生肖俑像變成以人像為主，十二生肖像退居次要地位，變成獸首獸身的小像，被人像雙手捧持在胸前，或者演變為在人物冠上飾以動物形象。最後，十二生肖俑像就逐漸消失了。

◆生肖銅鏡

銅鏡是中國古代人照面飾容的器具。《古鏡圖錄》中描述道：「刻畫之精巧，文字之瑰奇，辭旨之溫雅，一器而三善備焉者莫鏡若也。」可見，古人與今人一樣，不僅要求鏡子有實用性，還講究它的美觀性。

十二生肖紋飾應用於銅鏡的紋飾裝飾，是從隋代開始出現的。隋代銅鏡的裝飾圖案布局結構嚴謹，常常分區配置紋飾，十二生肖為主要的花紋種類之一。生肖銅鏡的圖案通常呈十二格排列，每個格中一個動物紋樣，外緣通常為鋸齒紋。這種分格的十二生肖，成為隋代銅鏡中最具有特色的紋飾。

隋代的王度寫有一篇名叫《古鏡記》的小說，其中便提到了一面生肖鏡：「手舉著它朝向太陽，則背面的文字圖案顯於影中；用手指輕輕叩擊它，清音徐引，不絕如縷；用它來照鬼魅，鬼魅立刻被打回原形並且斃命；每天晚上它光彩如月，日月食的時候鏡面又顯晦暗；它還能給人治病。這面鏡子，簡直可以稱之為『神鏡』！」

隋朝以後，歷朝歷代仍鑄造十二生肖紋飾的銅鏡。例如宋代的銘文生肖鏡、明代的四獸十二生肖鏡等，都是當時銅鏡的代表作。

◆生肖厭勝錢

中國古代錢幣中，也滲透著十二生肖文化，這就是生肖厭勝錢。它由於主要做取吉利、避邪惡、齋祭之用，古人也稱之為「命錢」。

《古錢大辭典》引《稗史類編》曰：「命錢，面有十二生肖字。」說的是，古時候小孩一生下來，大人就給他佩戴上一枚生肖錢，以保平安無事。

一般認為，生肖錢始鑄於宋朝，其實早在唐代，就有在錢幣上鑄生肖圖案的先例了。唐之後，歷朝歷代均大量鑄造生肖錢，尤以清末民初為盛。

生肖花錢正面是十二動物生肖的圖案、名稱，或配有十二地支文字，背面多為八卦、星官、吉語等。有的一個生肖錢為一枚，十二枚為一套，有的則將十二生肖全鑄於一枚錢上。

生肖錢多為民間鑄造，官方開爐鑄造的種類不多；而後者之中，清代康熙年間福建省福州府鑄錢局鑄造的「康熙通寶」生辰錢是比較有名的。

西元一七一三年農曆三月，值康熙皇帝六十壽辰，福建省福州府鑄錢局鑄造發行生辰錢向皇帝進呈祝壽。這種錢正面為「康熙通寶」四字，與普通的「康熙通寶」基本相同，但錢背面除鑄有滿漢文的「福」字外，還在錢穿上方多鑄了一個代表生肖的地支文字。

因為當年是蛇年，所以第一枚生辰錢鑄的是「巳」字。此後每年農曆三月逢康熙皇帝壽辰，福州府鑄錢局都會鑄造發行一種生辰錢，至西元一七二二年康熙駕崩，共鑄十種。由於這種錢幣當時鑄量有限，所以今天很難見到。

一九四九年後，相關部門也發行了生肖紀念幣。一九九三年，臺灣中央造幣廠開始發行第一套十二生肖系列紀念幣，以後按十二生肖順序每年發行一套，至二〇〇四年，第一輪十二生肖系列紀念幣的發行完畢。從二〇〇五年起，又開始發行第二輪生肖紀念幣。二〇一七年，丁酉雞年生肖紀念套幣，成為第三輪生肖紀念幣中的第一套。

生肖金銀幣既傳承了古老的生肖入幣習俗，也具有不少新時代的特色。

◆生肖銅羊

在古代生肖工藝品中，陳列於四川成都青羊宮的青羊也值得一提。

它的造型極為有趣，說它是「羊」卻不完全是，因為它將十二生肖形象集於一身，它具有：鼠耳、牛鼻、虎爪、兔背、龍角、蛇尾、馬嘴、羊鬚、猴項、雞眼、狗腹、豬臀。

在這座青羊銅像基座上，撰寫著如下銘文：「雍正元年九月十五日，自京移至成都青羊宮，以補老子遺蹟。」它道出了老子和青羊宮的關係，按照《蜀王本紀》的記載——

老子西出函谷關，為關令尹喜授《道德經》，臨別時老子告訴他，千日後可於成都青羊肆相見。三年後，尹喜如約來到成都，果然在青羊肆見到了老子。此地於是成了著名的道教聖地，並衍生出了今天的青羊宮。

關於這座青羊的來歷，民間還有不少傳聞。有說它是南宋奸相賈似道的「半閒堂」中的熏香爐，也有人說它是明代官宦人家的熏衣器。

那麼，史實究竟如何？基座銘文其實已經道出了一部分事實。據舊志稱，青羊宮原有一隻「青羊」，明末戰亂流失。清雍正時，大學士張鵬翮在北京市肆見到這隻羊時，感覺它類似青羊宮舊物，遂購而轉獻於青羊宮中。

獨角「青羊」現仍矗立在青羊宮的三清殿前，與另一隻鑄於清末的雙角銅羊相對。來青羊宮遊玩的人，大都會摸一摸它，頭痛摸頭，腹痛摸腹，據說會有「摸到病除」的奇效。摸的人多了，偌大一隻「青羊」已變得通體透亮。

第四節　現代生肖藝術新品

◆遍地開花的生肖雕塑

近些年來，隨著人們對傳統文化重燃熱情，生肖雕塑也在各地蔚為流行。不少城市公園都將生肖雕塑作為文化景觀之一。而這些雕塑作品，也往往成為遊客流連嬉戲和合影留念之選。

浙江省旅遊勝地莫干山，開闢了一座石雕十二生肖公園。入口處是一座石牌坊，左右立柱上刻著一副對聯：「子丑寅卯辰巳午未申酉戌亥，鼠牛虎兔龍蛇馬羊猴雞狗豬」，橫批為「生生不息」。設計者以十二地支與十二生肖的搭配作為對聯，再加上匠心獨具的橫批，遊客尚未進門便已嗅到了撲面而來的生肖文化氣息。

進入景區之後，十二生肖石一個個憨態可掬，或立於道旁，或藏在樹叢，給人妙趣橫生之感。

各地生肖雕塑，大多是取形於生肖動物，江蘇鎮江卻想出了製作漢字生肖雕塑的主意。二〇〇六年，獨具創意的漢字生肖雕塑在金山公園落成。設計師以古漢字十二生肖為基本素材，創造性地將平面漢字轉化為立體空間的造型，既保留了古漢字象形的特色，又具有強烈的現代感。

哈爾濱人也別出心裁，摒棄了生肖雕塑常用的石頭材質，建起了景泰藍生肖雕塑園。十二生肖雕塑採用景泰藍工藝製作，配以紫銅、綵燈等材料，色彩豔麗，栩栩如生，讓人大開眼界。

生肖雕塑熱也蔓延到了港澳。在澳門離島連貫公路的路邊，聳立著一組氣勢磅礴的十二生肖系列城雕，它們已被列入「世界之最」，高聳入雲的身姿往往令置身車中的遊客訝異不已。這組雕像的設計和塑造者為澳門雕塑藝術家梁晚年先生。據說，它是澳門政府在回歸中國前興建的最後一項藝術工程。

在香港著名旅遊景點九龍寨城公園，專門闢有「生肖倩影」景區。其中的生肖塑像材質為青白石，數年風吹雨打也無損其潔白。這個景區還有個別名叫「童樂苑」，可以想見其中的生肖動物造型也是活潑可愛。有趣的是，苑裡的生肖雕像是依據十二種動物的實際大小比例塑成的，這也就難為了想跟自己的屬相合影的屬鼠人，因為老鼠的身形太小，它的雕像也彷彿地上的一塊小石頭。

這些雕像還有一個特點就是中國風十足，比如老虎背上的魚鰭其實是參照了周朝的神獸造像來設計的，而馬的造型則仿照了北京明十三陵的石馬。

◆炙手可熱的生肖郵票

生肖郵票的發展歷程雖然不長，卻是當代生肖藝術品中最熱門的一種。世界上第一枚生肖郵票是日本於一九五〇年發行的虎年生肖郵票，郵票圖案採用了圓山應舉的名畫

〈龍虎圖〉中的「虎圖」。之後，韓國於一九五八年（戊戌年）發行了一枚生肖狗無齒小型張，韓國因此成為世界上第一個發行無齒生肖郵票的國家。

一九六〇年代，臺灣、香港不甘落後，相繼推出了生肖郵票。至一九八〇年代，發行過生肖郵票的國家和地區，增加了東南亞各國，以及中國、越南、蒙古、寮國等。到了一九九〇年代，中亞的哈薩克斯坦、土庫曼斯坦等國家也參與進來。一九九三年，美國郵政署發行了頗具東方特色的雞年生肖郵票。至一九九七年，已發行生肖郵票的國家和地區達到五十六個。二〇〇二年，發行過生肖郵票的國家和地區達到九十個。

值得一提的是，儘管世界各地的生肖文化有所差異，但迄今為止，各國的生肖郵票基本都是以中國干支紀年的十二生肖動物為準來設計圖案，這與中華文化的魅力和遍布世界的華人影響力，有著密不可分的關係。

中國發行第一套生肖郵票是在一九八〇年（壬申年），因為沒有按照十二生肖的排列順序以鼠開頭，而是「猴」足先登，於是之後每一輪生肖郵票都從「猴頭」開始。

第一枚猴票面值八分錢，郵票規格「26mm×31mm」，票面圖案由著名畫家黃永玉創作，為一隻憨態可掬的小猴；郵票設計師由著名郵票設計家邵柏林擔綱，他用中國傳統吉慶的大紅作為郵票底色，再用金色塗描小猴的面部，使之面容生動，雙眼炯炯有神；郵票印製方式為影雕套印版，雕刻原版由著名雕刻師姜偉杰精心鑿刻而成，並交由北京郵票廠印製。成品出來之後，猴子身上的毛髮清晰可辨，用手摸上去凹凸感極強。

這枚猴票在中國郵票界非常有名。二〇〇二年，它的市價為每枚一千六百元人民幣左右，與最初票面價值相比，增值兩萬倍，創下了中國郵票升值最快的紀錄，因此，它又被稱為「中國集郵史上的神話」。

「猴票」的珍貴，不僅是由於其在工藝方面堪稱精品，也是由於其發行量有限，僅五百萬枚，加之當時人們尚缺乏集郵意識，它的存世量就更少了，不少鐵桿郵票迷都夢想擁有一枚「猴票」。

第一輪生肖郵票以面值調整為二十分的羊票結束，這十二種郵票規格一致，裝飾性圖案相同，交替採用彩色與白色底色，成為人見人愛的藝術品。

由於起先是邀請一位著名美術家進行郵票設計，後來又採用社會公開徵集和匿名評選的方式，所以，在這輪生肖郵票中，我們既能欣賞到美術界大師張仃先生的「報曉雄雞」和周令釗先生的「燒瓷狗」，也可以看到畫壇新秀祖天麗的「裝飾龍」和雷漢林的

「回首羊」。

而在雞、狗、鼠、豬、牛、羊等年的生肖票中，設計者還巧妙地運用了傳統的篆刻藝術形式，隨形的篆章印在票面上與主圖相映成趣，既有民族特色，又平添幾分美感。其他生肖票，除猴票採用行書外，其餘均為印刷體或美術字。

第二輪生肖郵票從一九九二年「猴二世」面世，到二〇〇三年羊票發行，共二十四枚，票幅仍為「26mm×31mm」。之所以枚數翻了一倍，是因為這次的設計是兩枚一套：一枚面值是國內平信郵資，另一枚面值是掛號信函郵資；它們的票面圖案也有所不同，一枚是生肖形象的民間工藝品，另一枚是生肖漢字的書法作品。既能欣賞到民間藝術家的剪紙、年畫、泥塑、布藝、皮影等新鮮活潑的鄉土作品，也能再次品味韻味十足的傳統書法藝術。

在第一輪生肖郵票發行完畢後，對於第二輪生肖郵票的發行辦法，曾經有兩個方案備選：一是再過四年，從鼠年鼠票開始新的一輪生肖票，以符合生肖干支紀年的排列順序；二是緊接第一輪，仍從猴年開始發行第二輪生肖郵票。

生肖郵票發行面世後，它不僅具有集郵品的功能，而且很多人在自己的「本命年」

時，都渴望得到一枚自己「屬相」的郵票作為紀念。如此受歡迎的郵票若在社會上消失四年，無疑是件令人遺憾的事情。最終，採取了第二方案，才有了一九九二年猴票的面市。

第三輪生肖郵票從二〇〇四年開始，這一輪生肖郵票的規格變為「36mm×36mm」的正方形。每套郵票恢復為一枚，面值依舊為國內平信郵資。它們更多地運用了現代設計語彙，以卡通風格為主。如新版猴票由北京申請奧運標誌的設計者陳紹華設計，以「猴桃瑞壽」為主題，在手法上表現得非常時尚，顏色則選擇傳統年畫常用的色彩，顯得分外喜氣、祥和。另外，與傳統郵票的圓形齒孔不同，新一輪生肖郵票首次採用了六角形齒孔，這也就使它們更具收藏價值了。

除了中國，臺灣、香港、澳門也分別發行了生肖郵票。

香港自一九六七年（丁未羊年）開始發行賀年生肖郵票。第一輪郵票風格各異，每套兩枚。第二輪郵票於一九八七年（丁卯兔年）發行，均採用民間刺繡的表現手法，每套四枚。

臺灣於一九六八年發行第一輪生肖郵票，從設計手法到表現內容等都無一定之規。

第二輪生肖票於一九八〇年至一九九一年發行，一套兩枚，設計比較統一，圖案為比較抽象的生肖形象，背景為篆體書寫的生肖字。第三輪郵票自一九九二年開始發行，至二〇〇三年發行完畢，仍為一套兩枚。

澳門自一九八四年開始發行生肖郵票，至一九九五年第一輪圓滿結束。第二輪自一九九六年開始，這輪郵票的票面圖案為生肖頭部，而邊紙上是生肖身體，二者合在一起為一個完整的生肖動物，形式比較新穎。

各地發行的生肖郵票，構築了生肖郵票豐富多彩的格局。

因為與中國有著頗深的淵源，國外的生肖郵票也值得一提。如美國郵政總局從一九九三年起開始發行第一套生肖郵票，目的是紀念華人對美國社會的貢獻。從一九九三雞年到二〇〇四猴年，十二枚生肖郵票全由華裔設計師李健文一人設計，這是美國歷史上第一次由一人獲得整套郵票設計資格，它也成為美國郵票史上發行最成功的郵種之一。

幾千年的流傳，積澱了中國底蘊深厚、形式多樣的生肖文化，它展現了中國人的人生觀、世界觀、豐富的生活情趣與和諧的審美志趣。隨著人們物質文化生活水準的提高和科技進步，相信關於生肖的新文化內容和藝術式樣也還會層出不窮。身為當代人，面對這一寶貴的文化財富，我們需要有自覺的傳承意識，使之更加健康、更有生命力地流傳下去。

電子書購買　爽讀 APP

國家圖書館出版品預行編目資料

生肖繹史，十二生肖文化探索與神話解析：十二靈獸的傳奇，從古代符號到現代寓意的傳承與再現 / 過常寶 著 . -- 第一版 . -- 臺北市：崧燁文化事業有限公司 , 2024.03
面；　公分
POD 版
ISBN 978-626-394-072-7(平裝)
1.CST: 生肖
539.5941　113002429

生肖繹史，十二生肖文化探索與神話解析：十二靈獸的傳奇，從古代符號到現代寓意的傳承與再現

臉書

作　　者：過常寶
發 行 人：黃振庭
出 版 者：崧燁文化事業有限公司
發 行 者：崧燁文化事業有限公司

E-mail：sonbookservice@gmail.com
粉 絲 頁：https://www.facebook.com/sonbookss/
網　　址：https://sonbook.net/
地　　址：台北市中正區重慶南路一段六十一號八樓 815 室
Rm. 815, 8F., No.61, Sec. 1, Chongqing S. Rd., Zhongzheng Dist., Taipei City 100, Taiwan
電　　話：(02) 2370-3310　　傳　　真：(02) 2388-1990

印　　刷：京峯數位服務有限公司
律師顧問：廣華律師事務所 張珮琦律師

定　　價：350 元
發行日期：2024 年 03 月第一版
◎本書以 POD 印製